古本的思考

講演敗者学

山口昌男

晶文社

編　集：川村伸秀
装　幀：大森裕二
カバー装画：清水晴風

目次

凡　例

一、本書には文化人類学者の故・山口昌男が、主に近代日本における敗者をテーマとして扱い、各所で行った八つの講演とインタヴュー、および関連した文章を収録した。いずれも未発表か、もしくは著者の単行本に未収録だったものである。

二、本書で扱っている時代を考慮し、年代は元号を用い、適宜（　）内に西暦を示した。但し、海外の出来事に関しては、西暦で示し、（　）内に元号を示した。

三、文中には引用が多いため、可能な限り原典にあたって照合を行った。その際、旧漢字・旧かな使用の古い文献の引用は、新漢字・旧かな遣いとし、読みにくい漢字にはルビを付したが、原文にルビのないものは新たに加えたものもある。その際は新かな遣いとした。

四、講演のなかで引用文献を読み上げている途中で、著者が発言を挟んでいる箇所は引用文と混同されないよう〔　〕内に入れて示した。

五、引用文献の出典については（　）で補い、引用文献の頁数、および文中において現在の時点で説明しておいたほうが読者に判り易いと思われるものは適宜〔　〕内に割註の形で入れた。

六、引用文中には、現代では不適切とされる表現も含まれているが、歴史的、資料的価値を考慮し、そのままとした。読者のご寛容を願いたい。

第一部『「挫折」の昭和史』と『「敗者」の精神史』の周辺

書物と静岡

静岡の潜在的可能性

私は去年（平成六年）から静岡県立大学のほうで専任ということになっております。こういう環境のいいところにある三つの施設が縦割り的に分かれ、あまりつき合いがないというのはもったいないと、かねがね思っていたものですから、美術館のほうに「近所づき合いをしましょう」と押しかけていきました。そんなことから図書館にもご紹介をいただき、こちらは兎に角、葵文庫の目録を見たいがためにおつき合いをさせていただくというようなことを始めました。だいたい大学にはいろいろなタイプのキャンパスがありますけれども、アメリカの大学、特に州立大学ですね、これは非常に広いところに美術館も、場合によっては劇場も持っているような大学がけっこうあります。ここも敷地の三つが一緒になると、アメリカにもなかなかないぐらいの施設になるのではないでしょうか。そういう大学を超えた施設が、こういう風光明媚なところにできると面白いと思いますけれども、まだそういうのは夢にすぎないと思います。

私は、学生とともに勉強会をやっております。明治、大正、昭和と活躍した、アカデミーにはいなかった大学者の石井研堂という民間学者が書いた『明治事物起原』という大層面白い、半ば史料集を一緒に読んでいただいております。県立美術館の方々にも加わっていただき、最近は図書館のほうからも加わっていただくという形で、プライベートではございますが、三つを繋ぐ集まりというのが何となくできつつあります。それで、去年は静岡県内の博物館協会の集まりでお話しをさせていただき、今年は図書館の方から、「こういう機会にお話を」ということを仰せいただいて恐懼《きょうく》感激しておるわけです。

「書物と静岡」という非常に大きなタイトルであるわけですが、私が言いたいことは、静岡というのは、幕末から明治にかけての転換期において、非常に重要な場所になった土地柄だということです。江戸、東京からそう遠くはなく、駿府という家康以来の伝統的な名誉ある土地へ人間の大集団が移動してきたこと、そこから始まる書物と頭脳の移動、それから在来にあった伝統、そういうものから非常にユニークな雰囲気ができあがっていたのです。戦後はどうしても行政をはじめとして、文化も中央集権というムードが強いものですから、どちらかと言えば忘れられてしまうけれども、その辺を掘り起こしたほうが、日本の近代をよく理解するためにも、また静岡が持っていた、そして現在も持っている潜在的な可能性といったものをつかめるのではなかろうかということです。

最近出しました私の『「敗者」の精神史』（岩波書店、平成七年七月）という本、これは岩波書店の『へるめす』という雑誌に続けて書いたものですが、その一つに「幕臣の静岡」という文章があります。これには、将軍がこちらに移動し、幕臣の数多くが無禄移住してきて、そういう人たちのなかからどういうふうな知的な努力が実って、あちらこちらで大きな力になっていたかというようなことを書きました。例えば、万野ヶ原（現・万野原）ですね。私は行ったことはないんですけれども、そこからいろいろユニークな人が出ました。

例えば、書物の関係から言いますと、戦前の音楽の本を古本屋さんで見ていると、大田黒元雄という人が書いたり訳したりしている本が非常にたくさんある。『ハイドン――生涯と作品』（ミシェル・ブルネ著、大田黒訳、第一書房、昭和七年四月）とか『歌劇大観』（第一書房、大正十四年三月）とかです。この戦前の音楽の大啓蒙家・大田黒元雄のお父さんは大田黒重五郎ですが、重五郎はお母さんと万野ヶ原に移住してきたのです。お母さんが畑仕事や何かをして働いて、重五郎を沼津にできた兵学校の付属小学校（集成舎）に入れたのです。重五郎はこの後東京へ行って、外国語学校に入りました。同級生に二葉亭四迷がいたということです。さらに、途中から外国語学校がとりつぶしにあったので、向かいにあった東京商業学校（現・一橋大学）に入ったわけです。そこを出て三井物産に入りまして、当時三井の傘下にあった芝浦製作所――これが後に東芝になるわけですけれども――、その立て直しに成功して、九州の方で電力界の大立者になるわけです。息子の元雄を非常にかわいがって、ロンドンに二年間勉強に行かせたんです。元雄は帰ってきて、昭和六（一九三一）年五月に第一書房というところから長谷川巳之吉らと『セルパン』という雑誌を出しました。これは文学、芸術全体を総合した、非常にしゃれた雑誌です。この『セルパン』を同人誌的に始めるときに、重五郎は資金の肩代わりをしてやったわけです。そういうことで、戦前の日本の音楽文化にたいへんこの親子は寄与しました

大田黒元雄
（1893-1979）

大田黒重五郎
（1866-1944）

が、その情熱は静岡の万野ヶ原から始まっているのです。

「書物と静岡」というのは、日本の近代においては一つのなかなか見栄えのするシーンになっています。それは傍流に近いものでもあるわけですけれども、その静岡に沼津兵学校という学校ができました。これは噂ですが、幕末維新のどさくさまぎれに、幕府の重臣が御金蔵破りをやって何万両か運び出して、その隠しておいた資金で兵学校を始めたとも言われています。江原素六さんがその中に入っていたかどうか。この間、麻布学園百周年記念レセプションに行ってみたら〔山口さんは昭和三十（一九五五）年〜三十六年、麻布学園で日本史を教えていた経験がある。〕、江原素六の娘さんと結婚して江原姓を名乗っている元・東京工業大学の教授という方に会いましたから、よほどその辺のことを尋ねてみようかと思ったけれど、「自分には関係がないから知らない」と言われるのは分かっているから、そこまで立ち入った質問は遠慮しました。

兎に角、集まった人材の中には非常にすぐれた人たちが多く、西周《あまね》とか後にどんどん中央で名を成す人が多かったのです。政府も頭脳集団を沼津に置いておいたのでは危険だというわけで、一人一人一本釣りを始めまして、大学予備門の教授に任命します。薩長には、中央をぶん取って政治には長けているけれども、頭脳的な役割をするという人が極めて少なかったのですね。しまいには、明治六（一八七三）年頃に沼津の兵学校を、後に陸軍省になる兵部省が召し上げるということになって、そういう人たちは東京に移されて、兵学校はおとりつぶしになりました。

沼津には兵学校跡の碑が建っておりますが、その碑を書いた人というのは中根香亭という人であります。この人は、幕末の徳川幕府の総合大学である蕃書調所の教授として砲術を教えたり、漢詩を教えたり、蘭学を教えたりしていた非常に多才な人でありました。「蘭」というのは、西洋という意味です。この中根香亭も、維新のとき戦争に巻き込まれて戦って、しばらくの間姿を隠していたが、明治二年頃ここに現われて教授になったのです。

今日、ここに来る前に一つ電話をしようと試みたんですけれども、留守で反応がなかったんですが、その電話した相手は、清水でクリーニング屋さんをやっており、私より四歳上の六十八歳ぐらいの田中明さんという方なんです。この田中さんは、私がこれまで見た中で、学者と

江原素六
(1842-1922)

中根香亭
(1839-1913)

して最もすぐれている人の一人であると思わしめるような方なんです。田中さんは小学校までしか行っていませんが、ただ子供のときに、近くに住んでいた漢詩人からいろいろ中根香亭のことを聞いて強い印象を受けていました。田中さんは昭和二（一九二七）年の生まれだから、中根香亭には会ったことはないわけです。ただ、清水の興津に中根香亭が晩年死ぬために戻ってきた、というゆかりがあることくらいです。その関心のために、中根香亭という人がどういうことをしたのかということを調べ始めまして、生涯を中根香亭だけに集中して勉強してきました。

中根香亭は『香亭蔵草』（大日本図書、大正三年一月）とか『香亭雅談』（中根淑、明治十九年）といった木版の活字で和綴じの本をいろいろ出しています。陸軍参謀局に勤めてから、まず『兵要日本地理小誌』、軍事用の日本地理という本を頼まれて八巻ぐらいの本を書いたわけです。最後にでき上がったとき、中根香亭は少佐の位を持っていたわけですけれど、上官に鳥尾小弥太という少将がいたのです。この少将が「この地理の本はけしからん。直せ」と命令をしたので、「何故けしからんのか」と聞きますと、「この本の中には至るところに「東軍」「西軍」という言葉がある。これは官軍と賊軍を一緒にする言葉だ。「東軍」「西軍」というのは関ヶ原の戦いのときの言い分だ。現在ならば「官軍」と「賊軍」しかないから、直せ」と言った。ところが中根香亭は頑として譲らず、さすがに鳥尾もあきらめたという話が大野虎雄の『沼津兵学校と其人材』（大野虎雄、昭和十四年五月）という本に載っています。その後、中根香亭は脚の病いを得て陸軍省を辞しています。

それで辞めた後に彼は、一時文部省に移りますが、それから金港堂という出版社の顧問になる。顧問はどういうことをしたかというと、当時は教科書なんかが出るときに原稿を渡されて、温泉につかりながら静かに直す——なかなかいい身分かもしれないですけれども——ということをやっていました。文法の本の赤字を入れるとか、そういうことをやっていたわけです。それから、金港堂で出していた『都の花』という雑誌がありました。山田美妙が編集長をやっていたんですけれど、これをやったために尾崎紅葉たちと物別れになってしまったといういわくのある雑誌ですが、この編集顧問になりました。それで、だいたい旧幕臣たちと悠々とつき合って暮していたのです。その中には、依田学海という佐倉藩の出身の漢学者——当時は非常に目立った存在だったんですけれども——こういう人と交友を結んでいたわけです。

やがて、明治も三十二（一八九九）年ぐらいになるとその出版社も辞めて、ちょっとの間興津に住んで自分の家も持ち、それから放浪の旅に出始めました。どこで何をしているのか分からない。ある種、在家のままで出家をするようなものです。在家とか出家なんていう言葉は、まあ衣を着るかどうかぐらいの意味でしょうね。放浪していて、三年か四年に一度は興津の家に帰るのです。一番初めに出てきたときに、財産を全部処分し、家も親戚の人にあげてしまい、海が見える自分の部屋を一つだけ取っておいて、ふらっと帰ってくる。二、三日いろいろ自分のものの整理をやって、またふらっといなくなる。そういう生活を繰り返しながら、大正二（一九一三）年の一月の初めに戻ってきて「私は体に重い病を得ているから、あと二週間で死ぬと感じた。死んだら自分の遺体は焼いて、灰は海に捨ててくれ」と頼んだ。先に碑文を建ててもらうために、碑文の文章を書き、日にちまで入れて、忠実に二週間後に亡くなったという生涯を送ったわけです。

私がこれまで読んでいたところのものではだいたいそういうふうに書かれているけれども、田中さんに言わせれば「ああいうふうに死を美化したのは内田魯庵であって、そういう証拠は全然ないんだ」というぐらい、この中根香亭が書いたものについては、断簡零墨までノートを取ってあります。昔のいろんな大きな店にあった台帳ですね、ああいう取り外しのできる簿記の台帳みたいなものに書き込んであるのです。それから、他人が中根香亭について触れてある文章がどこかにあると言えば、東京のどこでも、午後はクリーニングを休んで、兎に角五十年近く通い詰めたのです。「出版の予定はないんですか」と言ったら、「いや、まだまだやることがたくさんあるから、今の段階で出版を勧めてくれる人はいるんだけれども予定はない。それに午前中はクリーニング屋をやって忙しいから」ということです。私なんかはもう晩年ですし、田中さんはもっと晩年ですから、そのまま逝かれた場合のことも考えて、前もって県立図書館は今度の八十周年に備えてそれを展示できるぐらいの手を打っておいたほうがよろしいんじゃないかと思います（笑）。そんなに場所も取りませんから。本を受け入れても場所の問題がたいへんだというお話を館長さんから聞いておりましたが、そういう問題もないと思います。

それで、今回ここに来る前に電話でお話をしようかと思ったらおられなかったのです。たぶん、また東京に資料を集めに行かれているのではなかろうかということで、図書館に集まる本の直前の一番いい形態というものを私は見ているような気がするわけです。こういう方がいるということを教えてくれたのは、沼津市明治史料館の学芸員の方です。本当にこういう人は、大学の教授がかなわないくらいのことをちゃんとやっています。ときどき夜中に、「ああいう人もいるんじゃいい加減なことはできない」と思って、ぱっと目が覚めてうなされていたことを思い出す――そんなに劇化する必要もないと思うんですけれども――こともあります。

そういう人を生み出す力というのが、静岡一帯の町の中にあるわけです。清水の町そのものの中にもあります。静岡は、伝統的に学者とかそういう形を取らないで、人がたくさん出ました。例えば漢詩人、漢文の能力のある人、書道の人、それから俳諧ですね。特に俳諧を作る人がたくさんいたということで、本来そういう人を育てる伝統があったということになると思います。

書物と図書館ということは、沼津の兵学校にあったらしい本とか葵文庫と同じように、徳川の関係の文庫をまとめて考えるときにとても重要な要素です。宝のようなものが集まっていますから、例えば、いまNHKの大河ドラマ（『八代将軍吉宗』）でやっている、紀伊の殿様ですね。その将軍の子孫である徳川頼倫《よりみち》という人が明治にイギリスに遊学して、帰ってきて作った南葵文庫というのが麻布飯倉町のほうにありましたが、関東大震災後、甚大な被害に遭った東大図書館に寄贈されて文庫は消滅しました。しかし永井荷風が魅入られたぐらいの、本当に大きな、いい意味での民間図書館であったのです。

本好きの人のための雑誌『本道楽』

そこで、ここに置いていただきました『本道楽』という雑誌です。これは私も、古本の展覧会で初めの四年分ぐらいが一冊になっているのを手に入れまして、非常に面白い雑誌が世の中にはあるものだと思ったものでございます。『本道楽』は、大正十五（一九二六）年五月に創刊されて、昭和十五（一九四〇）年十二月に廃刊になりました。全百七十三冊ある雑誌でして、初めのうちは西ヶ谷潔という人が編集兼発行人となっておりました。この人が亡くなると、以後小山有言という人が発行人になりました。初めは清水市辻一五一七。茂林脩竹山房《もりんしゅうちくさんぼう》という古書店だったらしいんですが、そこから発行されていました。途中で初代編集長が亡くなってから、編集員をしていた小山有言という人が静岡市南町二丁目三十九に移しました。初めは清水で、後に静岡市で発行が続けられたわけです。

この人が亡くなったときのことが、第十九巻第六号（昭和十年十月）にちょっと出ております。

▲本月は西ヶ谷君が病没されたので、名義変更するやら、それからそれへと仕事が続出して多忙を極め、漸く月末になって較落付を見たのであつた

▲これからは広く材料を集め（、）得られる限りのものにしたいと思つてゐる、静岡の土地としては、探ぬべく何ものもない、県下に及ぼし（、）関東に及ぼし、関西に及ぼしたい、徳川から各藩地に及ぼしたい、文芸上の広範囲にも亘りたいと思つてゐる〔頁数記載なし〕

ということで、昭和十年に編集長が交替したということです。

この編集長の後記はなかなかユニークで、静岡という土地に立脚して、率直にいろいろなことを発言している。この小山有言という人は、明治維新のときに静岡に無禄移住をしてきた士族の子であったといいますから、旧幕臣の子ですね。長じて徳富蘇峰の『国民新聞』の記者になり、それから静岡に戻って『静岡民友新聞』の記者もしていました。『駿河の伝説』（安川書店、昭和十八年三月）とかそういう本を出していますが、昭和二十年、戦争が終わる少し前六月二十四日夜、静岡市の戦災で行方不明となったという非常に悲劇的な終わりを遂げた人です〔書誌研究懇話会編『書物関係 雑誌細日集覧 第一冊』日本古書通信社、昭和四十九年九月の『本道楽』解説、四三頁〕。この『本道楽』は国会図書館に通巻三十三号から百五

十五号まであります。全部で百七十三冊ですから国会図書館にも欠けているものが大分ある。しかし慶応大学の図書館には通巻一号から百七十三号まであるから、全冊あるわけです。静岡県立図書館には第一巻から二十九巻まであり、欠けているのは第二十三巻の四号から六号です。これはもう埋まっているだろうと思います。

この雑誌が興味深いのは、地方で個人的な努力によって、コマーシャルなベースを全然持たない古本屋さんが出していたということです。大正末年から昭和十五年までということなんですが、この十五年という年は用紙統制が始まって続けることができなくなった年、ということであろうと思うわけです。しかしながらこの雑誌は、『本道楽』というタイトルがついていることから分かるように、本が好きで好きでたまらない人が編集して、古本が好きで好きでたまらない人たちが読者になり、寄稿者になっているのです。それから、寄稿者の中には、東京あるいは他の地域で古本について非常に深く知っている人たちが集まっているから、全国的規模の雑誌になっていると言えます。現在も静岡で、例えば『季刊 静岡の文化』(静岡県文化財団)というたいへんいい雑誌が出ておりますけれども、この場合はどちらかというと静岡近辺に限られているようでございます。

中村正直と佐久間貞一

この『本道楽』は、何人かの非常にユニークな人を抱えていたわけですが、こういう繋がりができたもう一つの理由は、あまり薩長が関与していない、どちらかというと旧幕臣が目立っているということです。静岡というところは、やはり幕府の一番大切な気風とか気分とかそういうものが移動してきた場所で、そこが精神の中心だというふうに感じていた人が多いということです。特に静岡だから集まった、ということも相当あると思うんですね。静岡にはご存知のように、薩長がつくったピラミッドには必ずしも属さない、旧幕において何らかの地位を占めていた人たちがいた。彼らは新時代になると全くただの人になってしまった。そういう人たちがかえって横の繋がりというものを大事にし始めていたわけです。

その代表的な例が、明治の本といえば一番先に思い出されるものの一つである中村正直の『西国立志編』です。中村正直という漢学者も旧幕臣で、イギリスに留学したりして英語がよくできる人だったわけですが、スマイルズの『セルフ・ヘルプ』つまり『西国立志編』を著しました。この間、静岡県立中央図書館の開館七十周年記念として展示されていて、私は教室の学生を連れて見学に来たわけです。そこに置いてあった『西国立志編』を中村正直に頼まれて印刷し直したのが、佐久間貞一という人です。最初の本は静岡で印刷・出版されました。普通の木版で、製本も和綴じでした。売れて売れてしょうがなかったのですが、木版だから文字がつぶれるわけですね。版を何回もつくり直した結果、中村正直は佐久間貞一に「ヨーロッパの本のようにがっちりとしたつくりで作ってくれないですか」ということを依頼しました。そのとき日本にはボール紙というのがなかったわけです。本はぺらぺらした和綴じばかりでした。佐久間は、自分のところで工夫——一回くずにしたものを薬品処理をして固くすることですけれども——をしましたが、一回作られたらあとは簡単であるにしても、最初のものが作られるまでにはたいへんな努力を要したわけです。それを作って背表紙革装ということで出してみた。そうすると、これが爆発的な売れ行きで、百万部を超える売れ行きを示したわけです。

佐久間貞一は、元々江戸の出身であるけれども、幕末に陸軍教練所のようなところに入って、彰義隊の戦いにも加わったぐらいの旧幕臣であるわけです。戊辰戦争以後に幕臣として慶喜につき従って、一時静岡に住んでいたんです。その後、いろいろなことをやったんですけれども、九州まで流れて行って天草の方ではたいへんな資金ができました。そこで東京へ行って、島田三郎がやっている『横浜毎日新聞』を刷るということをやって、まず秀英舎という自分の印刷会社を興したわけです。この佐久間貞一について話していくと、またいろいろな話が出てくるんです。もう一つ後世に残るのは、明治の初めに既に労働者の福祉を考えた最初の人間であったことです。秀英舎は一種の結社みたいなものであり、そこで働く人も職工学校をつくったり職工軍団と名乗ったり、非常にプライドの高い集団に仕立てていったのです。いわゆる政治イデオロギーが介入して階級闘争とかそういうところ——片山潜たちがそういうふうに持っていってしまったわけですけれども——へ行く以前の組織を作っていったわけです。

だからある意味、書物文化の原点はこの静岡にあると言えます。書物文化といっても、全部静岡にあるというわけではないですけれど、近代の書物文化の原点は、中村正直と佐久間貞一にあるわけです。その佐久間貞一は箱館五稜郭の戦いの榎本武揚と非常に親しかったので、榎本が外務大臣を辞めて殖民協会というのを作ったときには、佐久間貞一が実現する役を引き受けました。仏領になっていたニューカレドニアに、天草から五百人の移民を送るということをやったりしていたわけです。旧幕臣の動いた範囲は、今にして考えてみれば非常に幅広く展開されているわけですけれども、私はこの問題を『「敗者」の精神史』の中で取り上げたつもり

中村正直
(1832-1891)

佐久間貞一
(1846-1898)

です。ここでそれを全部お話しするわけにはいきませんから、これくらいの例で勝手なことを言っているとは思わないでいただきたいわけです。

飯島虚心と成島柳北

明治の初めにおいて、静岡というのはとても元気がよかったのです。明治十（一八七七）年前後に沼津にどういう結社があったかというのを、沼津市明治史料館の樋口雄彦さんという学芸員の人が調べて『沼津市明治史料館通信』に書いておりました〔「ぬまづ近代史点描（一七）結社の時代」、但し執筆者名はない。山口さんは直接樋口氏より教えてもらったと思われる。〕。やっぱり本を読む結社、文学を勉強する結社、それからいろんな結社があって、それを沼津市の地図にマッピングして表しておりました。こんなに勉強会というものがあったのか、というぐらいの勢いのあるものでありました。申すまでもなく、江戸からやって来た人が非常にたくさんいて、そういうふうな勉強会を作りやすかったということがあるとも言えるわけです。

兎に角、『本道楽』は時代を回想するような文章をたくさん載せています。そればかりではなくて、日本全国の江戸時代の面白かったことや明治の初めの面白かったことが記事になっております。京都にあった面白い結社とか大阪の人、京都の人、それから信州上田にいる人というふうにいろんな人が寄稿しています。そういう意味では、ほとんど全国雑誌といっても全然嘘ではないぐらいの体裁を整えていました。

例えば、そのうちの一人に飯島虚心という人がございます。この人は明治三十四（一九〇一）年に亡くなったんですけれども、たくさんの寄稿をしているわけです。明治時代の回想などはとても面白いもので、兎に角、力を込めた文章を寄せていました。天保十二（一八四一）年に幕臣・飯島善蔵の長男として生まれ、号を「局外閑人」などとも言い、薩長的な行動にはつくつもりはない、日本で新しくでき上がりつつある非常にピラミッド構造が強いものには、幕臣として加われない、ということが名前に出ているわけです。

この人のお父さんの飯島善蔵は最終的には御《お》広敷頭《ひろしきがしら》にまでなった人です。後に山中笑《えむ》のことをちょっとお話ししますが、御広敷というのは将軍の大奥の出入りについての仕事で、これを務めている人はだいたい服部半蔵系の忍者が多かったといいます。飯島の家の場合は忍者系統かどうかちょっと分からないんですが、山中笑――日本の民俗学の父、おじいさんとも言うべき人ですけれども――、この人の場合は十三歳頃から御広敷番ということになっておりましたから、服部の系統の直伝だと思うんです。

飯島虚心は、明治十二年、『木曾沿革史』というような本を書いています。『初学山林書』（上・下巻、福田仙藏、明治十四年三月）という本も出ている。さらに『葛飾北斎伝』（この本は、平成十一年八月に岩波文庫に入った」とか。今日日本で知られているのは、河鍋暁斎《きょうさい》という明治の非常に風変わりな大画家だった人についての本です。『河鍋暁斎翁伝』（ぺりかん社、昭和五十九年十二月）というのは現在でも出ておりますから、今でも手に入るのですけれども、その他の多くの書いたものはまだまとまって刊行されていません。

それから成島柳北。この人は漢詩人でジャーナリストでした。本名は惟弘、別号確堂。父は幕府の儒臣・成島稼堂。この人は幕臣の典型です。柳北は、嘉永七（一八五四）年将軍侍講見習となり、後に慶応元（一八六五）年歩兵頭並、次いで騎兵頭並に任ぜられ、横浜に移り、後には外国奉行となっています。成島も、維新後は自分のことを「無用之人」と称して、一時野に隠れました。後に大ジャーナリストになるんですけれども、幕末に欧米に遊学した際、フランスに五カ月近く滞在しました。

葵文庫の目録を見せていただきますと、成島柳北がフランスから持って帰ってきたフランス民族誌学会創立初期の年報（"Annuaire de la Société d'ethnographie"）が入っています。葵文庫というのはそれほど私たち人類学者にとっても貴重な文庫であり、そういう文庫がここにあるということは私どもも非常に感激する事実であります。

成島柳北がパリにいたとき民族誌学会を主宰していた東洋学者のレオン・ド・ロニーに会っていて、この人から勧められて民族誌学会に入会もしているんです。これはフランス人も知らないことであるから、いつかフランスへ行って講演することがあったらフランス人にも教えてあげようと思うんです。この間九月に、フランスへ外務省の派遣で講演してきました。そのときのテーマは、パリ興行に先だって、大相撲の露払いといたしまして「日本文化と大相撲」ということでお話ししましたが、ちょっと柳北が入ってくる余地はありませんでした。

先ほどの飯島虚心は成島柳北の下にいました。成島柳北の『花月新誌』という雑誌――雑誌といってもその当時は新聞のような感じなんですが――、そこでジャーナリストの勉強なんかをした。この柳北とそのうち別れて、幕末の函館戦争にも加わって、それからまた逃げて戻ってきて姿を隠す。新聞にははじめ行かないんです。姿を隠したり、文部省の編纂局に入り教科書の編纂に携ったりしました。

成島柳北
(1837-1884)

大槻如電・三浦おいろ・上田花月

そこの同僚に大槻如電《じょでん》という非常に旧幕臣らしい生き方をした人がいました。この大槻如電は洋学者ですから、葵文庫にもその関係の本がたくさん入っているわけですが、大槻磐渓という人のせがれ、磐水の孫です。仙台藩に代々仕えているということで、維新のとき大槻如電は――京都の蛤御門とかどこだったかちょっと記憶してないんですけれども――砲術隊を指揮して幕臣として戦いましたが、敗れてやっぱり江戸へ逃げてきた。維新のときには、父親の磐渓が不当にも入牢させられました。東北六藩の同盟の頭を仙台の殿様伊達（慶邦《よしくに》）公がやっており、その命令で各藩に対する命令書を書いたということで罪になった。藩士の命令だから磐渓には罪はないはずなんですけれども、それでも幕府が降伏するや、仙台藩の天皇方、勤皇の侍たちによって、そのまま捕らえられて六年間牢に入っていたのです。

大槻如電は文部省の編纂所に入りましたが、ここにはいろんな人がいました。漢学者の依田学海――依田百川と名乗っておりましたが――とかそういう人もいました。兎に角、そうそうたる立場を占める人たちがここにいたわけです。

さらに、この『本道楽』にはかなり面白いものがたくさん載っているわけです。何人かの名前を挙げますと、中央の明治関係の雑誌で重宝がられた野崎左文という人がやはり文章をしばしば寄せている。それから大阪からも非常に洒脱な随筆家として、明治の初めの京都の思い出とか、そういうようなものを、三浦おいろという雅号の人が寄せている。三浦おいろというのは別な名前も持っているわけです。京都の人で姓は三浦なんですけれども、大阪の大井楼という遊廓の後継ぎになったために、自分をからかった意味も含めて三浦おいろという雅号にして寄稿したわけです。第十八巻第六号（昭和十年四月）には雅号と本名の対照表（梅本塵山「明治の投書家」）が載っていたわけですが、そういうものが必要とされるぐらい、この頃のこういう種類の雑誌は雅号で書かれていることが多かった。

上田花月といえば普通の人は何だか分からないわけですけれど、本名飯島保作、別号雪堂、

大槻如電
（1845-1931）

銀行員です。信州上田で、第十九銀行の頭取をその頃やっていたんですね。

それから、錦隣子というのは、本名・久保田米僊、錦鱗子などの雅号を持っている日本画家です。これは京都で滑稽雑誌をやって、さんざんふざけた後に東京にやって来まして、徳富蘇峰の『国民新聞』のために挿絵をどんどん描いていた。普段は幸田露伴たちと上野から根岸の付近でいつもふざけて――といっても、一緒に酒を飲みながら高尚な冗談を言い合うんですけれども――非常に知識がいるような冗談を言い合っていたということです。幸田露伴たちとは非常に近い仲の人であって、いま美術史家はあまり問題にしないけれども、その時代に戻して考えてみると実に面白い力のある人であったわけです。

さらに、この人のことを私は知らないんですけれども、酔多道士という人〔本名・田島象二〕。〃好いた同士〃というのをもじって、酔多道士なんて言っているんですね。この人も旧幕臣で雑誌記者であるということで、旧幕臣というのはすぐその関係の中に出てくるわけです。

それから荒垣痴文。この人は本名・長島伝次郎、号は談洲楼燕枝ですね。落語家であった。この人も、根岸党と呼ばれた幸田露伴なんかと一緒に遊ぶ仲間の一人なんですね。こういう人も寄稿しています。

そのほかに、珍しいことに仲之町小せんという人があって、本名不詳、新吉原の芸子というふうな女性まで加わっているという雑誌であったということです。

神代種亮と山中共古

それで、どういうものが記事として出たのかを幾つか挙げてみましょう。例えば静岡については「静岡にて出版されし本（幕末明治期の）」（第二十巻第四号、昭和十一年二月）というのが載っていて、当時けっこう静岡で出版されるものが多かったことが分かります。『女今川』静岡書肆蒼龍閣須原屋善蔵、明治六（一八七三）年刊。それから『孝行短歌』という上・下、明治十三年版。上魚町文正堂。それから大正十三（一九二四）年「本年発行されし狂歌に関する印刷物」として『狂歌鶴彦集』『豊の秋』『狂歌競鳴集』『狂歌机の花』というのが書かれている。大正十四年には『狂歌墨跡集』『柳の影』、そういうふうに静岡で発行されていた狂歌などについて細かく書きとめてある。これは今日狂歌の歴史を辿ってみようという場合には、極めて貴重なものになると思います。

その他、エピソード的に言えば「精気の感電――近松秋江氏に」（第十八巻第四号、昭和十年二月）という文章が寄せられている。これは神代種亮《こうじろたねあき》という名前の人が書いたのですが、この人は永井荷風と非常に親しくて、大正から昭和にかけて、荷風の本の校訂をやった人として知られているわけです。自分でも古本の雑誌（『校正往来』）を持っていたという人で、常に独立独歩の人でした。「精気の感電」には、「最近に近松秋江氏が『小説の謔』という随筆の中で、その荷風氏とその後も銀座で会い、千疋屋〔千疋屋の裏にあった荷風のよく行った喫茶店「きゅーぺる」の誤りか？〕で神代種亮氏等三、四の人と暫く話したことがあった」〔四頁〕と載っている。

山中笑、この人も先ほどちょっと出ましたけれども旧幕臣であって、静岡にいて城内に住んでおりました。それでマクドナルドという宣教師に影響を受けて入信して、静岡教会の初代の牧師になった人です。ところが、非常に勉強好きであったために、静岡にいても、いわゆる今日フォークロアの人がやる民俗誌をこまごまと書きとめていたために、中央では二代目静岡教会の人に先を越されて、後にさんざん痛めつけられるようになった。明治維新後に、民俗学というものを日本で一番最初にやったのは、この山中笑だと言われています。

この山中笑という人の日記が早稲田大学の図書館に収まっているんですが、この日記を解読して、感想と共にノート風に『山中共古ノート』（青燈社、昭和四十八年六月～昭和五十年六月）という本を書いた人がいます。三冊の薄い本ですけれども。この人は広瀬千香というおばあちゃんで、この間七月頃遊びに行ったんです。中野に住んでいて、おばあちゃんは九十五歳なんですね。記憶がしっかりしておりまして、耳はちょっと遠いんですけれど、話はしっかりしている。それでいろいろな思い出話を聞いたんです。おばあちゃんの娘さんで六十歳を越えている方が時々見にきてくれるのですけれども、気はしっかりしています。その話に出たのが、昭和

山中笑
（1850-1928）

の初めに毎日のように銀座の千疋屋で永井荷風と何人かでいつも会っており、ここにいう神代種亮ら三、四人の人としばらく話したことがあったということです。

「その時ふと気づいたことは、荷風氏が、やがて六十に三四年という年齢でもあるにもかかわらず、下顎から首筋のまわり、それから、掌先、指など、まるで二十歳前後の娘のように、色白く、水々として肥っていることであった。とても私ども老人染みたのと違っている。これは、どうしても怪物だなと、私はつくづく感心して見ていた」と近松秋江氏が言っているのを読んで、神代種亮は「永井氏は全体的に『太った』型の人ではない」と言うのです。だから「近松氏は書き洩らしているけれども、永井氏の髪はそれこそ二十年代の艶々しさを持っていて、薄れてもいないし、白髪は尋ねても無い黒髪である」〔四頁〕というふうに言っています。

「二十歳前後の娘のように」と言っているけれど、広瀬千香さんというのは、ちょうどその頃二十歳前後の娘さんだったはずなんですね。兎に角、永井荷風の別の方向から出版を手伝っていた人であり、永井荷風の本（『濹東綺譚』）をやっぱり校訂しているということも後で聞きました。

そういうふうな、東京と静岡に発する繋がりですね。何となく山中共古という名前、それから山中笑と書いて「えむ」と読むんですけれど、こういう人をめぐる雰囲気が東京の中にもある。広瀬千香さんみたいな人をめぐって、また永井荷風について書いている神代種亮の文章が静岡の『本道楽』に出ているという、めぐりめぐる面白さというのが出てきている。これは単なる静岡のローカル雑誌の一つということではなくて、本当に東京も取り囲んだ雑誌であるというわけです。こういう雑誌が一人の努力、単独の努力によって――一人というのは一人ずつ一人、二人なんだけれども――昭和の前期には存在していたということです。

型にとらわれない作家・井東憲

私の構想の中にある「近代文化史における静岡」ということを書くとしたら、最初は幕臣の静岡から始まって、こういう『本道楽』のような非常に長いタイムスパンをカバーするユニークな雑誌、ある時期の静岡のユニークさというのが出されているものについて書きたいのです。

この頃は藤枝とかそういうほうにいろいろな作家が住んでおられますから、現代作家には不自由しません。しかし明治、大正、昭和の作家として誰を挙げたらよろしいかというと、私もたくさん本を読んで知っているはずの白柳秀湖を挙げます。静岡出身の社会主義の作家としてキャリアを始めたということを昨日知りまして、ちょっとびっくりしたんです。その他に、ここにおられる方で何人が名前を覚えているか何とも言えないんですけれども、井東憲という作家がいます〔清沢洋著「井東憲の習作時代」『大正労働文学研究』第四号、昭和五十五年六月によれば、正確には井東憲は東京市牛込区神楽坂で生まれ、約一年後に静岡に移ったようだ。〕。

この作家は、大正から昭和にかけての作家なんです。たぶんもう文学全集なんかには入っていない人ですから、記憶されておられる方は少ないと思うんです。一九七七（昭和五十二）年で

井東憲
（1895-1945）

すから二十年ぐらい前のことですけれど、私はメキシコ市の大学院大学で一年教えておりました。そのときに、メキシコに現われたギタリストと親しくなったわけですね。どこでお会いしたかはちょっと記憶していないんですが、中林淳真《あつまさ》さんという人なんですね。この人はスパニッシュ風のギターの演奏家としては当時第一人者と言われていたわけですが、その方がメキシコに現われて、私の住んでいるところに遊びに来たり、一緒に音楽のできるところに行って中林さんの演奏を聴いたり、そういうふうにして親しく二、三日遊んで別れたんですね。

するど、先月送っていただいた図書館めぐりというような本、ときどきそういう本が出ますけれど、それを見てみますと静岡県立図書館のところに、ついでながら井東憲は中林淳真の父親であるということが書いてあったんです。びっくりして、岡山に現在住んでおられます中林淳真さんに電話したところ、「本当に父親です。あまり関係が深くない父親でしたが……」ということでした。この父親について、「そのうち時間とか条件が整ったら何か催しをしたいという考えを、私及び何人かの方が持っておりますから、そのときにはご協力いただけますか」と言ったら、「もう大喜びでやります」ということでした。

私はそういうことを知らずに、井東憲の本を古書展のほうで買い入れて十冊ぐらい持っていたのです。聞きましたら、県立図書館にも十冊ぐらいあるというのです。実際、井東憲という人は、戦前、戦後を合わせると四十冊ぐらい出している極めて多作な人であったわけです。私の持っている十冊は、そのちょうど大正から昭和にかけての本であります。

これは例えば『地獄の出来事』（総文館、大正十二年三月）という本でして、静岡の遊廓に閉ざされている大正の末の女性について正面から描いています。これを書いた頃はアナキズムと社会主義の中間で、家では機械製造屋をお父さんがやっていたということでした。十六歳の頃から不良少年になって、芝居の劇団か何かについて家出してしまったということですね。ですから、彼の書いた小説にセリフが非常に多いというのは、そういったせいもあると思うんです。

それから、『人間の巣』（弘文社書店、大正十三年四月）という本では、そういった世界から抜け出ようとしている女性の姿を描いています。この人はいわゆる一種の社会主義の小説家としてスタートしているんですけれど、途中から型にはまり切った左翼のスタイルに飽きてしまって、その頃エロ・グロ・ナンセンスの中心的な人物だった梅原北明という人たちの仲間になって、『文芸市場』という雑誌に寄稿したりしていた。どちらかというと、やっぱり遊廓のことから書き始めた作家ですから、人の度胆を抜くようなことで、エロというのを看板にして書き続けていました。

ある国文学者の表現によると、「日本の近代作家では、貧しい人、労働者に同情するという文章を書く人はたくさんいる。けれども、娼婦とかそういうものを社会の底辺にあるものを描いた作家というのは意外といない」というわけですね。かえって女性の樋口一葉がそういった素材を扱っていることもあり、『にごりえ』なんかはそういうものであります。小林多喜二もちょっと書いたけれど、女性を闘士のコンパニオンとして見ていたふしがある。確かに娼婦のところに行って身の上話を聞いて同情するような話というけれども、その場合も娼婦のところに行ってというところが問題になるかもしれない。このように数少ないわけですね。

そうすると、私なんかが関心を持っている一つの文化の中心と周縁という対比をもって見るならば、労働者ばかりではなく、貧しい人、この娼婦というものを取り上げているというのは、非常に近代を描くには面白いと思います。ルポ作家である横山源之助の『日本の下層社会』（岩波文庫、昭和二十四年五月）という本がありますが、むしろこういったルポ文学を書いた人にそういうところがある。それから、原胤昭《たねあき》の免囚事業という、これは監獄から出てきた人が戦前非常にひどい目に遭っており、そういう人たちを救済するような仕事をして、それについての本を書いているものがあります（原胤昭著『前科者は、ナゼ、又、行るか。』原胤昭、昭和八年六月）。その人たちのほうが、文学的にもすぐれた筆遣いで劇的に描いていると思うわけです。

そういう意味では、この井東憲というのも、極めてユニークな立場を持っている作家であって、これが昭和五（一九三〇）年ぐらいになると大弾圧を食うわけです。昭和二年頃からはいわゆる公式的な左翼に飽きて、自分の持っているパッションみたいなものを投影するとしたらエロもののほうがかえって書きやすかったということです。今から見ると『文芸市場』というのは、非常に実験的な集団が作っていた雑誌であったと言えると思うんです。半分左翼で半分エロ、どちらも警察に追っかけられるということで似ているんだそうですけれど（笑）。

その他『グロテスク』という雑誌も、出るたびごとに発禁になりました。そこで編集長の梅原北明は、井東憲と一緒に昭和二年ごろ上海に避難する。直接購読者のリストを持って上海で『カーマシヤストラ』という雑誌を印刷して、日本に送ってくるから日本の警察はそれには手を出せなかった、とまあいろんなことをやったんですね。梅原北明の友達に、益田太郎冠者という、三井の益田孝のせがれで帝劇の専務理事をやっていたのがいて、それがロールスロイスを使っていたのを借りて、東京中を乗り回しながら校正をやっていました。帝劇の理事の車の中でエロ本の校正が行われているなんてだれも思わない。要するにトリックなんですね。トリックスターだと思うんですが。そういうふうな仲間になっていたわけです。

戦争が厳しくなってくると、そういう種類のことは昭和十年頃から全然できなくなる。そうすると経済小説を書く。例えば経済劇『渋沢栄一』（共盟閣、昭和十一年九月）という伝記を劇にした台本を書くとか、『重役病患者』（健文社、昭和十年七月）という日本の財界の主なる人たちを変名で登場させて経済界の様子を小説に描いてしまう。そういうふうな才覚のある人だったわけです。

上海を題材にしたものもある。『上海夜話』（平凡社、昭和四年十二月）は、上海を扱った非常に面白いコント集です。そのほか『支那風俗綺談』（大東出版社、昭和十五年八月）には柳田國男が序文を書いている。この人は、何か友達のごまかし方とか作り方がうまかったところがあるんじゃないかと思います。いま柳田國男がそんなものに序文を書いていたなんてことを知っている人は、ほとんどいないんじゃないでしょうか。

それから、昭和十八年に書いた『尊い漁夫』（読切講談社、昭和十八年十二月）という本ですけれども、これは清水の船の持ち主の群像を描いているんです。なかなか面白くて、船というものを管理したりする持ち主の生態を非常によく描いている。最後は漁船が徴発によって奪われだんだん漁ができなくなる。それも悲しみながら国のためになるといって終わるところがいかにも戦争中のものであるように見えます。清水のそういうふうな漁師を描いたものとしては、とても面白いものに思われるんです。そういうわけで、この井東憲というのは経済小説も書く、エロまがいの小説も書く、それから中国を題材にしたものも書くということで、かえって型にとらわれない未来の小説を先取りしたところがあります。

こうやって見てくると、静岡というのは、明治以来本の世界という中では、葵文庫をはじめ幕臣というものによって非常に先端的な文化を築いていた。『本道楽』に至っては、全くローカルなものが首都的なものを吸収してさえいるような雑誌の伝統を持っていた。大都市とそうでない部分、中心的な都市とそうでない部分の違いを解消してしまうぐらいのすばらしい雑誌を作り上げている。そして側面から、井東憲のような作家――アナキズムから出発しているにもかかわらず――が現われて、時代のせいもあると言えばそれまでですけれども、やはり枠の中に閉じ込められないようなタイプの小説、そして考えてみればそれらは同時代の小説家よりもかえって先を見ていた、そういうふうな伝統を近代の静岡において築き上げていったということです。

図書館というのは、今日はいろいろ情報サービス機能が充実し、ネットワークとかそういう電子メディア的なものにどうも振り回されており、本来の、どこへ連れていかれるか分からなくなるほど人を魅了する力、精神が攪乱《こうらん》されたりする面白さとか、また意外な本が意外な本と結びついて今まで気がつかなかった問題が出てくるとか、そういうふうな役割がなかなか機能しなくなってしまった。だから、電子化された情報サービスとともに、ウンベルト・エーコが書いて映画にもなった『薔薇の名前』のような世界、ああいうふうな中世の図書館のように何か人が迷うような――分類においてもそうですが――コアの部分、電子的に武装されているように見えるけれど、一番中心に行くとめちゃくちゃで面白かった（笑）というようなものが残っているような遊び場であってほしい、と私は願っております。

どうも長い間ご清聴ありがとうございました。

吉野作造と街角のアカデミー

講演の裏舞台

ただいまご紹介いただきました山口でございます。

こちら（宮城県大崎市古川にある吉野作造記念館）へ来る予定は、前からスケジュールに入っておりましたけれども、先月の末に急にアメリカ、ニューヨークから電話が入りまして、コロンビア大学ともう一つの大学（ニュー・スクール・フォー・ソーシャル・リサーチス）の共催シンポジウム（「四十二丁目とタイムズスクエアの再開発」）を、タイムズスクエアというニューヨークの中心にある繁華街、劇場のたくさんあるところで開くから来てくれないかとの話がありました。急なことでしたが、やむを得ないということで二週間ほど行って、二つのシンポジウム、それからニューヨークから北へ行ったところのウィリアムズ大学というところで講演をしたり、討論会をやったりしてきた。

一昨日の夜帰って来たばかりで、現在まだ時差ボケの状態にありますので、あらかじめ警告しておきますけれども、同じことを二度話すこともあり、途中で眠り出す怖れもあるので、そのときは支えていただきたい。こういう講演をしながら眠るなどとは嘘のように思われるかもしれませんが、真夏に静岡県立大学で講義をしておりまして、疲れているときなどには、引用のため何か文章を読んでいると、うとうとと眠り出して危うく教壇から落ちそうになって、学生に支えてもらったこともあるぐらいなんです。ですから、絶対眠らないとの保証はできないのですが、こういう席を与えられてたいへん感謝しております。

実を言いますと二年前、福島で学生たちと小学校を利用してやっているイベント〔当時、山口さんは福島県昭和村にある廃校となっていた喰丸小学校を「喰丸文化再学習センター」として再生させ、多くのイベントを行っていた。〕のついでに、こちらで明治文化研究会についての展示(「明治のなかのヨーロッパ—吉野作造と明治文化研究会—」平成七年八月一日〜九月三十日)をやっておられて、面白そうだから行こうと福島県の南の昭和村からこちらへお邪魔して、学生たちもたいへん喜んだ覚えがあります。その中央大学を中心とした学生たちは、今年が卒業年なので昨日の夜はその学生たちとお別れ会をして、ずっとお酒を飲んでいたので、それもかなり残っております。

ところで、前にこちらに参りましたときに、館長さんとお会いしていろいろお話した際に、館長さんは正直に、「今の若い人に向けてメッセージを発することはたいへんだ」ということを言っておられました。私は図にのって、「それならば私も吉野作造について触れた文章（「大正日本の「嘆きの天使」――吉野作造と花園歌子」『へるめす』第四十三号、平成五年五月）があり、それが本（『「敗者」の精神史』岩波書店、平成七年七月）になっております。本をお送り致しますから、御検討の上もし講師にご任命くだされば、私はボランティアで飛んできます」というふうに売り込んだわけです。その成果がどうも本日の講演会という形になったようです。裏舞台をはじめからさらけ出してしまって申し訳ないのですけれども……。

その後は、吉野作造については一回しか書いておりません。『吉野作造選集（全十五巻、別巻一）』（岩波書店、平成七年五月～同九年三月）が出まして、そのなかに日記の巻（第十三～十五巻）が含まれていましたので、その日記を中心に文章を書かせていただいたのです（「古本屋で過ごした最良の時」『リテレール』第十七号、平成平成八年九月、のちに『敗者学のすすめ』平凡社、平成十二年二月に収録）。

私は特に最近は福島県との関係が深いのですけれども、宮城県とも二年前に県知事の主催で環境問題のシンポジウムが行われたときに講演させていただきました。

これをはじめとして、先ほどご紹介のなかで言及していただいた、札幌大学という私立大学が文化学部というのを新設するということで、文部省に認可を得るために学部長予定者に少しは顔の知れた人間を立てなければ文部省は認可しない方針であるというので、なぜか私はそれにほだされてしまいました。現在六十五歳でございますから、もう還暦はとっくに過ぎ、定年ももう終わって福島の山の中で悠々自適の生活を送ろうと思って、退職金を投じて家まで建てているのに、学部長として北海道まで引き戻されるということになってしまいました。

ありがたいことには、今までその大学ではそういうことはなかったらしいのですが、東北地方から志願者がかなりいて、各学部の何パーセントかは知らないが、東北地方の学生がかなり増えたということで、札幌大学と言いながら、北海道はもとより東北地方にまで入学者が拡

吉野作造
（1878-1933）

がってきているという興味ある現象になっているそうです。その理由をベネッセというこの頃の受験情報を提供している会社に質しますと、全体に当地方では、なにか女子高生をあまり東京に送り出したくないというムードが出てきている。女子高生のほうも東京にある女子大のザアマス言葉に対して、ひそかに東北弁が差別されるようなことがあり、そういうふうなことを聞いて、あまり行きたがらないという事情もあるらしい。ところが札幌へ行くと東北弁も平気で使われている。それで非常に親しみを持ちだしているという。

東北地方の大学の責任かもしれないけれども、「文化研究」という名のついた学部というものはない。そういうことで、文化研究というものに携わってみたいという学生は札幌大学へ行くことになる。

もうひとつは、自分で言うのもおかしいのですが、山口という人間が文化学部の学部長になるということを、東北の高校の先生方がある程度知っていてくださっていて、山口がいるから文化学部は面白くなるに違いない、それで受験しろという指示を発した傾向がかなりある。

私も自分で工作するほうでありますから、去年の九月文部省の入試センターに依頼されて、新潟県の高校の先生の集まりで「まぼろしとしての大学」という講演をしたことがあります（『選ぶ前に知る――平成八年度大学ガイダンスセミナー報告書』平成九年七月に活字化され、のち『山口昌男ラビリンス』国書刊行会、平成十五年六月に収録）。そのときは、「もう大学の今は、日本の受験生の廃墟である」というようなことを堂々と言いまして、「現在はインターネットが情報をいくらでも提供してくれる。であるから、大学の先生が教室で教えるぐらいのことは、小学生でもどんどん取り出せる。従って、大学は何をしなければならないかということを、もういっぺん考え直さなければならない」というようなことを続けて、かなり言いたい放題のことを言ったのですけれども、終わってから、食事をしたとき前に座っていた人が大学入試センターのセンター長で、私が「なにか先生にお会いしたような気がする」と言うと、向こうも「私もそんな気がする」と言うのです。確かめてみると、札幌大学の文化学部を認可する当の審査委員会の委員長だった。それで、そのときまでは札幌大学の認可はダメかもしれないと言われていたのですが、その方のご尽力で、札幌大学の文化学部は認可されたわけです。

アメリカに二週間ほどおりましたときも、どこでも「この方は新しい大学の文化学部の学部長になる人だ」と紹介されたのです。そうするとアメリカ人で日本の事情を良く知っている人は、「日本の大学の学部というのはどちらかというと固苦しいところが多く、文化学部といった学部はこれまでなかったから、二十一世紀に向かって、現在はちょっと新しいニュアンスがあって、カルチュラル・スタディーズという文化を研究する学問が、イギリスを中心に流行になっているので、日本でもアメリカに続いてこのような新たな分野を研究する文化学部ができるに違いない」というようなことを言われました。正直のところ、アメリカで「頑張れ」と激励されるとは思いもよりませんでした。実際そのように、不思議な目で見られているということがあります。

でありますから、将来古川市から一人でも札幌大学へ入っていただきたいと思いますし、さらに「姉妹都市大学」といった協定を結ぶということでもあればと思います。そういうような御縁もできうると考えられますのでよろしくお願い致したい。

札幌大学の受験担当者が福島県の出身で、その人と来年は東北地方を廻ってPRをしようと話し合っています。

吉野作造を考える視点

吉野作造のことを知るまで、私は古川のことは知らなかったわけですが、吉野作造の育ちからみても非常に身近に感ずるようになった。

今日の講演の題は「吉野作造と街角のアカデミー」ということですが、私は最近いろいろな機会に日本の近代を考える場合に、これまでのようなタテ社会のモデルだけではなかなか捉えることができないと思うようになりました。むしろ潜在的にあちこちに芽生えていたヨコの繋がりということを考える時代に来ていると考えるようになったのです。

日本は明治維新、つまり戊辰戦争を境にして政治の形態はがらっと変わったと言われておりますが、実際の戊辰戦争で起こったことは、薩長の覇権構造が確立して、ピラミッド型の社会構成ができ上がった。頂点のほうは、だいたい薩長を含む人材で構成されました。そういう点では、あくまでも不平等社会というのが続いた。

よくご存知のように、特に東北地方というのは、会津をシンボルとして幕府の側に立って西方の薩長の支持する朝廷に抵抗したというので、みせしめに懲罰を加えられた。それは非常に不平等なものでありました。

仙台においてはどういうことが起こったかというと、仙台には勤王方という者が潜在的にいたわけですけれども、仙台の伊達（慶邦《よしくに》）公を中心とする藩の構成は一応幕府方の佐幕であり、とくに伊達公は東北六藩の列藩同盟のリーダー格であったために、そのときの命令書――六藩に対する西方と戦えという指令書などを書いたのが大槻磐渓です。もともと大槻の家は仙台から出ましたが、江戸へ出て蘭学者となっていた。それが呼び戻されて、仙台藩に再び仕えるようになったんです。この大槻の息子・文彦のほうはあの有名な辞書『言海』をつくった人で、実を言うと吉野作造が仙台で中学へ入ったときの校長先生が文彦でした。ちょうど東京で『言海』をつくる仕事を終えて、故郷の中学の校長をと言われて校長に就いた、そういう関係があります。ついでに申し上げますと、もう一人大槻家には如電《じょでん》というなかなかくせのある人物で、江戸でもかなり隠れた役割を果たした面白い人がいます。

吉野作造の生涯の中で、今までいろいろ語られたり研究の対象、関心の対象とされてきたのは、郷土の人との関係、それから第二は大学の中でのいろいろな人物との関係、第三には高等学校時代にキリスト教に入信したので、キリスト教の教会にかかわりを持ったことで、これらの人たちが登場してくるわけです。そのなかの一人に斎藤勇《たけし》という英文学の戦前戦後の大御所がおります。東京大学教授をずっと勤めていた人ですが、その後は東京女子大の学長も勤められた。しかし、終わりは非常に気の毒だったのです。というのは、あるいはご存知の方もあるかと思いますが、お孫さんに当たる若者が、おじいちゃんのことを反キリスト的な悪魔とかいうふうに見て、惨殺するという不幸な事件を起こしてしまった。しかしこの人は真のキリスト教徒で、毎日朝から食事をするのにネクタイを締めるというほどの謹厳な人物だった。斎藤勇という人は東大を出たあと在外研究員として欧米に滞在していますので、そのとき身につけた習慣だったのでしょう。

私が今回ニューヨークへ行ったとき、シンポジウムを中心になって組織した方がエール大学卒の人だったので、ニューヨークの真ん中の大中央駅から歩いて二、三分のところにあるエール大学の非常に立派なクラブに泊めてもらいました。そこのクラブの規則は一日中、どんな場所にいてもネクタイ着用のことというので、私が泊まった最初の日、そんなことは知らないものですから、朝食の出る十階へ行ったら、さっと阻まれて「ネクタイ着用です。なかったら貸して上げましょうか」と蝶ネクタイを出された。

「蝶ネクタイは気持ちが悪い」と断ってもう一度、三階の自室へ戻ってネクタイを締めて朝食を取ったということがありました。朝からそのようなネクタイ着用ということをやっていて、非常に規則ずくめでありましたが、他は宿泊所としてはたいへん良い。けれどもちょっと、そのへんが近づきにくいところがありました。しかし、今回は宿泊料などは全部大学のほうで払ってくれましたから、普通自分では絶対泊まれないところでした。ニューヨークで一万円以上払うところで泊まったのは、今回初めてのことでした。もう十回や十五回はニューヨークへ行っていますが……。

まあ、そういうことで、斎藤勇さんという方は、そういうことに慣れておられ、それが似合うような人であった。そういう方でしたが、アンチ・クリストというお孫さんの思い込みで、そのようなことがあってお亡くなりになった。これは有名な話です。

斎藤勇さんはキリスト教会のなかでの吉野作造の友人でした。斎藤さんは『思い出の人々』（新教出版社、昭和四十年十二月）という本のなかで、吉野作造についてこう書いています。

吉野作造は極度に多忙であったにちがいない。けれども東大学生キリスト教青年会理事長であり、会員には家庭を開放して、異郷にある学生を慰めたようだ。（中略）「吉野先生を尊敬すればこそキリスト教を信ずるようになったのだ」と告白する人は少なくあるまい。
私も知遇を受けた者のひとりである。〔一四九頁〕

吉野作造の推薦で斎藤さんは中国に夏期講習にも行っているのです。吉野は中国・朝鮮の人たちとの繋がりがあった。中国は袁世凱《えんせいがい》大総統の頃ですが、東大を出た後に吉野作造はその息子（袁克定《こくてい》）の家庭教師として教えに行ったことがあります。そういうこともあって、東アジアに対する関心を非常に強く持っていました。その頃の学者としては、どちらかというと珍しかったんです。

それから次に挙げられるのは、これが吉野作造の非常にユニークな関係なのですが、明治文化研究会というものを作った。そこでは、それこそ「街の学者」たちと非常に自由につき合った。今回は、とくにその点についてお話ししたい。なかでも、花園歌子という、なにか出自の怪しい、しかし非常に知的であった女性との子弟のつき合い、友人のつき合い、女性としてのつき合い――これは分かりませんが――についてです。

石井研堂との出会い

そういう「街の学者」のなかでも特に吉野作造が親しみを持った人は、石井研堂という人です。この人は郡山の出身で、「街角のアカデミー」の学長とも言えるような人でした。というのは大学というところへ生涯入ったことも関係したことも公的にはなかった。東大の吉野作造の研究室に遊びに行くような関係ではありましたけれども……。

石井研堂は慶応元（一八六五）年、郡山に生まれ、そこで育ちました。郡山というところは、戊辰戦争のときには会津と不思議な関係にあった。会津が佐幕の典型的な藩だとしたら、この郡山や二本松藩というのは、どうも会津と離れて行動したから、幕末には討伐の兵を会津から向けられたことがあったほどで、今でも会津若松と郡山の関係というのはちょっと微妙であるといいます。会津からみれば戊辰戦争の際に兵を向けようとしたとき、郡山は官軍に通報して進駐を依頼した。「裏切り者め」と会津のほうは怒った。しかし、郡山のほうから見れば「別に会津に恩義はない。そんなことを言うのは会津が単細胞だからだ」というふうなことを口実にした。しかし、東京へ来たら両方とも一緒にされ、郡山も会津だと言われていじめられたということであります。

石井研堂は、明治十八（一八八五）年に東京に出てきて、岡鹿門《ろくもん》の漢学塾・綏猷《すいゆう》堂塾に入門し、その翌年には東京府高等小学校教員試験に合格しますが、脚気を患ったこともあって帰郷を余儀なくされます。明治二十一年、再び上京した石井研堂は、友人の高橋太華の紹介で東京教育社に入社し、婦人雑誌『貴女之友』や書方改良会の機関誌『国民必読』などの編集に携わったのち、明治二十二年に有馬小学校教諭となるんですが、すぐに学齢社の高橋省三に頼まれて、小学校低学年向けの雑誌『小国民』の創刊に携わることになります。

吉野作造は子供の頃に、この雑誌が大好きで、『小国民』の愛読者でした。「投書家としての思ひ出」(『吉野作造選集 第十二巻』岩波書店、平成七年五月)という文章のなかで吉野作造は、「一番に愛読したものは『小国民』であつた。是れ石井研堂君が私に取り久しい間の懐しい名前である所以である。如何に『小国民』に執着したかは、やがて博文館から『幼年雑誌』(?)という競争者が現はれたとき、烈しい反感を覚えたことでも分る」(四九頁)と書いていますし、「本屋との親しみ」(同巻)では「私は(中略)『小国民』の熱心な愛読者で、石井研堂の大の崇拝家であつた」(四一頁)とも述べています。

ですから、まず「街角のアカデミー」という場合に、石井研堂との出会いが吉野作造にとって、たいへん大きなきっかけとなった。それで、その石井研堂らの協力を得て吉野作造たちは、明治文化研究会というものを作った。はじめは『新旧時代』という名の雑誌を出しました。それからのちには『明治文化研究』という題になり、さらに『明治文化』と変わって大正十三(一九二四)年から昭和十九(一九四四)年まで続けられた。つまりこの『新旧時代』『明治文化研究』『明治文化』というのは、「街角のアカデミー」の拠点の一つになったと言うことができます。もう一つ挙げておきますと、『集古』という雑誌があって、私から言わせますと、この二つが「街角のアカデミー」を代表する典型的なものであったことになります。

それから家族――吉野作造の娘（明子）の婿さんに社会主義運動で有名な赤松克麿という人がいました。この人は、戦後は社民党（社会民衆党）の創立メンバーで、共産党には憎まれた人ですが、こういう吉野作造の娘婿を通しての社民党との関わりというのがポイントになります。それから、社会運動を通じて、吉野は麻生久とか福田徳三という人とも親しくなります。

こういうふうに幾つかの点で、吉野作造の関係の広がりというものを見ることができますが、「街角のアカデミー」ということを強調するために、ここでもう少し吉野作造の生涯というものを追ってみたいと思います。

仙台、古川町での幼少時代

これも皆さんご存知の通り、古川町はもともと戦国大名大崎氏の臣・古川刑部という者が城を構えていたということで古川町が生まれたということです。ですから、館長室に吉野作造の額がありますけれど、それにも「古川学人」という吉野作造の雅号が使われている。だからといって、吉野作造は幕臣とか佐幕とか、そういうこととは関係はありません。武家の出身ではなく、もともとは父は呉服などを商っていた人でした。偶然のことではありますが、これは私の育ちと似ております。私の母親というのは第一回目の結婚で亭主は亡くなってしまって、私の父と再婚したんですが、私の父は駄菓子を中心としたお菓子屋でしたけれども、吉野作造の場合の嫁入り先は「綿屋」であった。こじつけではありますが、こうしたことで、私は吉野作造との関係は深いのではないかと思っております。ただ、結果はあまり似ておりませんが……。

兎に角、吉野作造の生家は新聞雑誌などの取り次ぎもしていた。明治の初めから中頃までにかけては、本屋さんというのは非常に少なかったのです。それで例えば定期刊行物――新聞や雑誌などは、なんらかの郵便を運ぶルートで、汽車の通っているところは極めて少ないわけですから、飛脚が継いで運んだり、船で運んだりという方法でした。

コロンビア大学の大学院の学生で、博士課程の学生（ジャイルズ・リキター）に私はこのあいだ会ってきましたが、その学生が、明治の大出版社博文館の研究をやっていて、アメリカの学生ですが日本語も非常によくできる若者で、博文館の雑誌がいかにして売れたかということばかりでなく、どういうルートで何日かかって刊行物が届いたかという一覧表を作っていました。修士論文は確か「東京の丸善と福沢諭吉の関係」というものです。この人の専攻はコミュニケーション史ということで、情報は如何に伝達されていたかということ、そのメディアとしての出版についていま研究しているわけです。彼は日本人の大学生のレベルより高い可能性がありります。そういう研究テーマの一つにも入りそうなのが、この吉野作造のお父さんの仕事であろうと思います。

吉野作造は、番頭さんに付いて配達したりするようなこともやっていた。それはまた手前味噌ですが、私は店の小僧さんたちが家のお菓子などを配達しているときに、一緒に車に乗せていってもらって配達を手伝っていた。作造と同じように……と言えるようです。

そういうわけで吉野作造は、ものを読むことに初めから慣れていた。その頃の小学生というのは、ものすごく識字率が高くて、例えば『穎才《えいさい》新誌』のような投書雑誌が沢山ありました。吉野作造はまず仙台で出ている雑誌に投書することから始めて、投書マニアになった。『穎才新誌』に吉野作造が投書したかどうかは知りませんが、のちには、『小国民』なんかには投書をしています。それで投書魔として育っていった。いま読んでみますと、その当時の小学生というのは、われわれの知らないような漢字をいくらでも使って、みな平気で書いている。ですから、今でいう小学生のネットワークができていたわけです。インターネットをやっているような感じでした。吉野作造も、そういうふうにして育っていったのです。

吉野作造は、常に成績は一番でした。偉い人の話にはよく「成績が一番だった」と言われるので、当然のような話でありますが、吉野は一方では、巌谷《いわや》小波《さざなみ》など当時の流行児童作家のものを読んでいます。そうして、古川の尋常小学校を首席で卒業して仙台の尋常中学校に入学しました。そのとき古川町では、その入学を記念して、大槻文彦の『言海』を贈ったといいます。

そして旗を立てて作造を仙台に送り出した。そのようなうるわしい風景があったわけです。

先ほど申し上げたように、その尋常中学校の初代校長が大槻文彦だった。尋常中学校は、富田鉄之助という仙台出身の人が寄付した金で設立された学校でした。富田鉄之助という人は、アメリカやイギリスで経済を学んだ人で、大蔵省でもかなりのところにいました。それから日銀の第二代総裁に任命されるんですが、「仙台は逆賊の側だ」と薩長から反対が起き、半年のあいだ任命を阻げられ、日銀総裁が空席となったことがあったんです。そのことが痛く身にしみて、富田は薩長による差別を味わせられた、そういう人でありました。そのため郷土の英才を育てるには良い中学校を作ることが、いちばん大事なことだというので、寄付をして創立させました。吉野作造は、そういう尋常中学に入ったのです。中学へ入ると、吉野作造は古本屋通いをするようになります。そして明治三十（一八九七）年に、第二高等学校法科に入りました。その頃、吉野は塾などを自分が中心になって営むようになり、自分より若い者たちと一緒に住んで学んでいます。「塾」的なことが非常に好きだったようです。

馬鹿本屋の賢者

その当時、仙台には「馬鹿本屋」という綽名の古本屋がありました。吉野は「本屋との親しみ」（『吉野作造選集 第十二巻』）という随筆のなかで、次のように書いています。

中にも通称馬鹿本屋と呼ばるゝ者とは格別親しかつた。そこの主人は中々馬鹿でない、余りに無愛想なので馬鹿とあだ名されたのだが、本を値切ると「そんな心掛けでは貴様は出世しないぞ」など、罵倒するのが振《ふる》つて居た。云ひ値で買へば代価はいつでもいゝと云ふ。半年でも一年でも貸して呉れる。而《しか》も曾てそれを帳面に附けたことがない。夏休み後母の臍繰りなどを貰つて帰り突然借りを払はうと云ふと、彼はちよつと眼をつぶツてすぐ総計幾らと云ふ。それを私共は些《いささか》の懸念なしに黙つておとなしく払つたものだ。頗《すこぶ》る気前のいゝ通解の男だつたが、惜しいことに早く死んでしまつた。（四一頁）

この「馬鹿本屋」については、東北帝国大学附属図書館にいた常盤雄五郎という人も『本食い虫五拾年』（仙台昔話会、昭和三十一年十二月）のなかで書いていますが、全く「馬鹿」ではなくて相手が馬鹿だと自らも馬鹿を装うというだけで、相手が聡明な人間ならそれに応じて応対し、いくらでも本の情報を提供する――という見せかけの「馬鹿」をやっていた古本屋だったのです。常盤雄五郎も誰が馬鹿本屋と言い出したのか起源は分からぬが、「馬鹿」は辞書には「おろか、愚人」とあるが、この古本屋は見せかけの馬鹿で、反対に賢者であると言っています。『本食い虫五拾年』では、その古本屋をこんなふうに描いています。

彼の店は中央が土間で出入口になつていた。左右は和漢洋の書籍が山と積まれている。

その奥のところの本と本との間に、彼は大仏様然と坐つている。私がゆくと、きまつて仙台藩関係の書物の話である。話が進むにつれて、彼はそのことならこんな良い本があるとて、山と積んだ本の中から手早く抜き出して、何度でも厭わず見せてくれた。
　彼の記憶力の強さには、毎度恐れ入つたものである。〔七一頁〕

こんなわけで「馬鹿本屋」はなんでもすばやく反応する人だった。古本屋さんにはたまに変わった人がいて、私もそんな変わった古本屋を知っていますが、ユニークな人が多い。吉野作造は、こういう人のところに出入りしながら古本修業を始めて死ぬまで――『吉野作造選集』にある『日記』をみても、その後半には、毎日朝昼晩、大学へ行く途中で古本屋に寄るということを記していますが、――古本屋通いを続けた。それほど古本への好みが昂じたわけです。

古本について吉野作造は、「本屋との親しみ」のなかでこんなふうにも言っています。

　大正十年の夏からまた不図古い疾《やま》ひの古本道楽が燃え出した。尤も今度は明治の文化、殊にその政治的方面、就中《なかんずく》それが西洋文化に影響された方面と研究の範囲を限定して掛つた。斯うした方面の資料を集めて置きたいといふことは小野塚〔喜平次〕法学博士のサゼツシヨンにも依る。どうしたはづみか十年の夏急に思ひ出した様にあさり始めたのであつた。それから遂に東京中の古本屋は固より、名古屋・京都・大阪の本屋とも親しくなつてしま

った。昨今は東京に居て一ケ月に少なくとも一度位宛あちこちの本屋を一巡しないと気がをさまらぬ感がする。〔四二頁〕

私も、そこまでは行かないが、この二年間でかなりたくさんの古本を買い込みました。それは私の個人の費用でではなくて、こんど行く札幌大学を脅かして、文化学部の始まる前に図書を充実させなければならぬ、私のためではなくて学部のためだ、だから兎に角予算を用意しろ、ということで今年二年目ですが、一年に二千五百万円ほどの古本を買ったのでした。大学はたいへん慌てましたけれども、神保町の古本屋さんたちは、山口先生のおかげで神保町の景気は上向きになったというような冗談を言っていたこともあります。

札幌大学には、このように貴重な古書のコレクションがありますので、ぜひみなさんのお子さんやお孫さんを札幌大学にお送りください。

芸妓・花園歌子とアナキスト黒瀬春吉

こういう古書蒐集が重ねられて、吉野作造の周りにいろんな人が集まりはじめたわけでありますす。大学のなかでももちろんいろんな人が加わっていたが、特に外から吉野作造のところに集まってくる人がかなり多くなった。吉野作造という人は、とても気さくな人で、自分の研究について話をしたり、本郷の赤門前からちょっと行ったところにおでん屋があり、そのおでん屋でよくおでんをつっつきながらいろんな話をしていた。それこそ、「街角のアカデミー」そのものです。つまり「赤門」の外でやっていることが多かったのです。

そのなかで石井研堂は民間学者の典型的な人でしたが、ほかにも多くの個性的な人々がおりました。そのうちの一人の人物を挙げておきたい。それは先ほどもちょっと申し上げた花園歌子という女性です。

この人物は、何と形容してよいか分からない人なんですね。今で言えば女性解放の理論家で非常に目立っている上野千鶴子という人がおりますが、その上野千鶴子よりも花園歌子はさらに過激で面白いと思っております。上野千鶴子は私の研究仲間なんですが、こう言ったら上野は何と言うか……。今度もアメリカへ私が行ったとき、同時期に上野も行っていたのですが、なぜかニューヨークからロサンゼルスに行っていて、私を避けて逃げて行ったのではないかと思うようなことがありまして、上野の反応をまだ私は聞いておりませんが。

ところで花園歌子を吉野作造に紹介したのは、おそらく文芸評論家の木村毅《き》であったと思われます。三越で吉野作造が主体となった『明治文化全集』の展覧会をやっている会場へ花園歌子が遊びに来たことが、昭和二（一九二七）年六月十七日の吉野の日記（『吉野作造選集 第十五巻』岩波書店、平成八年十月）に出ているんですが、それ以前の二月十二日の日記には「島村君に托し花園さんに御礼として「公人の常識」一部を送る　立志社の建白書の古版を木村毅君を通じ貰つた返しなり」（一六頁）とあります。木村毅も明治文化研究会の会員で、吉野作造、尾佐竹猛《たけき》に続いて、三代目の会長になった人でした。

私が花園歌子という人物を知ったのは、あるとき古本屋を歩いていて『芸妓通』（四六書院）という変わった名前の古本が、昭和五年六月に出ていることを知った。「通」とは、江戸から明治にかけては「道楽」という意味に使われていた言葉です。それからさらに「趣味」という意味を示しました。だいたい近代において「街」で学問をしている人間は、こういうふうなものとみなされていた。あるときには、かえって「趣味」などという言葉は、なんとなく粋な言葉としても使われたわけです。

花園歌子
（1905-1982）

『芸妓通』というのが入っていたのは「通叢書」というシリーズで、これは非常に面白いものです。他にも『古書通』（河原《かわはら》万吉著、昭和五年三月）や『古今いかもの通』（河原万吉著、昭和五年五月）などというのもある。その本の一章（「花柳文化研究資料」）に、吉野作造は「序文」を書いています。

花園歌子は、吉野作造の研究室に出入りして、勝手に吉野作造のことを「私の先生」と称していた。この本の内容はたいへん過激で、本当に女性解放ということが実現するのか、旦那衆が本当に女性が自立するなどということを本気で考えているのだろうか、というところから始まって、女性の立場の歴史を江戸時代からずっと、厖大な古本を漁って書いたわけです。

この女性にはファンがたくさんついていて、ファンのなかでも吉野作造の古本仲間で明治文化研究会の有力メンバーでもあった斎藤昌三、そして大正時代のアナキストであった黒瀬春吉という人物がいました。この黒瀬春吉はたいへんなアナキストで、日本鉄道常務取締役になった久保扶桑の私生児だったらしい。そしてお決まり通りというヤツで、かなり乱暴な青春を送っています。神戸あたりに住んでいて、けっこうモダンな風潮にも深入りして、さらに日露戦争のときにロシアから鹵獲《ろかく》した武器などが神戸に荷揚げされると、それを掻っ払って東京へ送ろうとしたんです。そのとき十七歳だったが、牢獄に入ったりした。この人物はアナキストであるから、当時はやりの労働争議の指導などをやるんですが、いわゆる政治的にきちんとやっている者たちからは、顰蹙を買うようなことをしています。要するにフロックコートを着て「労働者よ、団結せよ」などと叫んでいる。しかし当時フロックコートといえば資本家の着るものでしたから、そういうチグハグなことをしてみなから顰蹙を買っていました。とはいえ黒瀬のパフォーマンスは、実際工場にいた労働者たちからはたいへん人気があったというんです。そんなわけで、計画性が全然ないからやることはぜんぶ失敗ばかりでした。そういったハチャメチャな人でしたが、兎に角自分の収入はロクになかったのに、古本購入にはお金をかけた。やがてそのうちに、花園歌子と一緒になるんです。

黒瀬春吉はこの花園歌子という女性を徹底的に改造します。ロボットとして使ったのかどうかは知りませんが、花園歌子のお父さんは骨董商を営んでおり、小さいときから貧しくて新橋芸者として働いているうちに黒瀬春吉と出会う。黒瀬は彼女にいわゆるヨーロッパのモダン・ダンスを教えたんです。当時の日本ではまだモダン・ダンスは珍しくて、黒瀬は輸入した雑誌を集めて独自のダンスのスタイルを考案し、花園歌子に教え込んだのです。浅草のパンタライ――正しくは「パンタレイ」と言って、万物流転を意味するギリシャ語ですが――という名をつけたあやしげな飲み屋で働かせます。そこには当時の面白い芸術家たちが次々に集まってきました。そのうちの一人には、天才的なピアニストの沢田柳吉がいます。東京音楽学校を出た沢田は、ショパンを弾かせれば国際的にもひけをとらなかったと言われた人ですが、むしろそ

築地発表会で踊る花園歌子（『芸妓通』より）

ういうふうな場末でピアノを弾くのが好きでした。アナキストの大杉栄も来れば、舞踏家の石井漠なども来るというので、パンタライは一種の芸術家たちの梁山泊になっており、知的に非常に活気のある雰囲気を持っていました。

花園歌子は、そういうところで、黒瀬にほとんど裸踊りに近い踊りをさせられていました。そして、自分達は新しいタイプの「芸妓」で「芸者」ではないと、あきらかに区別される存在だと主張し、出前でそういう踊りをあちこちで見せていた。だから良識のある人からはもう顰蹙を買うような立場にもあったのです。

「パンタライ社」は、女工や渡り者を集めて浅草あたりの安待合できわものショーを売り物にした、浅草オペラの模倣の団体でもあったらしいのです。この団体を主宰したのも黒瀬でした。花園歌子という芸名をつけたのはこの男で、短刀で脅して歌子をおのれのものにし、妻を離別して結婚したという、なかなか芝居になりそうな人物なんです。今だったら劇画なんかになるような人物ですね。以前には好きになった女性に自分の小指を切ってそれを送って、求愛の証にしたというぐらい、時代離れしたスゴ腕の人物であったと言います。

この花園歌子の踊りは、日本舞踊はいわずもがな、近代舞踊もまた真似ず、先ほど申し上げたように黒瀬が自ら外国の流行舞踊雑誌などを買い集めてきて、そこに掲載されているさまざまな舞踊の姿を真似て独学で学習せしめたものであったと言われています。

この黒瀬春吉という人物について語ると非常に面白いんですが、時間の問題であまり詳しくはお話しできません。私が黒瀬についての資料を集めたとき、いちばんよい資料が出てきたのは、なんと警視庁の『特別要監察状勢一班・第九』という資料でした。いわゆるアナキストの資料などはあまり残っていない。アナキストは共産党に馬鹿にされ、いじめられて、そのうえ大逆事件で殺されたりしているから、同時代の人たちはみなアナキストについては触れたがらなかったんです。ところが警視庁は熱心に第一級資料を集めていた。黒瀬のような人が歴史に名が残らないということは、おしいと思っています。

このような警視庁資料はとても貴重なものです。私は三人の古本屋さんと仲好くしていますが、昨夜も、そのうちの一人と古本狂の若い人と三人で飲んでいましたが、「こういうことをいま調べているんだが……」と言ったら、ちょうどその人は、日大芸術学部を中退して映画作りに関係したりして、のち古本屋に転じたというおかしな人物（月の輪書林店主・高橋徹）ですが、アナキスト関係にも詳しく、黒瀬が出ている古書を探してほしいと私が言うと、古書即売場へ行って、そして結局こういう一級資料を集めてくれたわけです。ですからこの古本屋さんは、大学のなかだけでやっていては勉強はできないということの例の一つだと思います。

花園歌子は、自分で集めた古書の展示会を白木屋でやったりしています。これらの人たちの面白いところは、社会主義者でも大正から昭和にかけての人たちはみんな真面目で堅かったんですが、それに反してこの黒瀬をはじめとするアナキストがかった人々は、行動はハチャメチャであったけれども、あとで考えると面白い。社会主義者たちは、何かこうあとで考えると暗くなるように見える。気持ちが滅入るだけで、面白いところがなにもない。本人が開放感を持っていないで、人を解放するなんて無理なのではないかとそう思うわけです。吉野作造は、これらの人たちを非常に好きであった。たまたまその連中と一緒にいると、非常に気楽で、猥談なども平気でしていたといいます。

機構上は東京帝国大学で教えて、タテ型社会の典型的なところに収まっていた吉野作造ですが、喧嘩をする相手をちゃんと考え、仲間もよく選んでいました。それは、大正七（一九一八）年十一月、浪人会という団体から対決を求められ、吉野作造はそれを引き受け、大陸浪人として蒙古あたりを歩き廻っていた壮士・佐々木照山ら、右翼の典型的な人物との討論に応じています。会場は押すな押すなの大盛況であったといいます。今そのような大衆を呼べる学者はいないのではないかと思いますが、吉野作造は論客としてもすばらしく、魅力があって、時代の焦点であった問題を避けずに取り上げていました。であるから、どちらかというと今のビートたけしのような人気で、言うことはちゃんと言うという姿勢であったのです。その大討論の日には、会場外にも取り巻いて人々がいて、スピーカーで講演を流すなどの盛況でした。討論の相手もまた大陸浪人としてはたいへん面白い型破りの人間であった。吉野作造はちゃんとその相手を知っていて、逆に相手を活かしながら自分も活かすというかたちで、敵をつくっていた。敵のつくり方も非常に上手であったと言えるわけです。

吉野作造と花園歌子にばかり焦点を当てては何か偏りがあると思われますが、一言触れますと花園歌子はやっぱり吉野作造を好きだったということがあります。そのことに関して同時代の大倉燁子《てるこ》という女性の証言「吉野作造博士の側面」が『日本古書通信』第百八十七号（昭和三十四年十一月）に載っているのですが、これは花園歌子自身が大倉燁子に語ったことで、吉野作造もその事実を認めたということです。

日蔭茶屋というと思い出される方があるかと思いますが、これは大杉栄が斬りつけられた有名な事件のあった場所です。大杉栄の愛人で、のちの女性評論家になった神近市子がその事件を起こしたのですが、映画の『エロス＋虐殺』（吉田喜重監督、昭和四十五年公開）という作品にもなりました。その日蔭茶屋は、そのことで有名になりましたが、吉野作造がそこで療養していたところへ、ある日花園歌子が訪ねていった。そのとき幸か不幸か吉野作造は出かけていて帰ってこなかった。花園歌子の述懐では、一人寂しく海を眺めながら帰ってきたというようなことを言っていたという、そのようなことを歌子の友人だった女性が書いています。ですから、花園歌子には、その気がなくもなかった。もしかしたら神近が大杉に斬りつけたようなことも起きたかもしれない。それぐらい危いところに吉野作造はいて、しかもその危険はちゃんとはずしている。なかなか他人のできないところであると言えます。

吉野作造は自分も、エロ噺を自由に発言する非常に闊達な人でもありました。こういうことは、あるいはあまり言ってはいけないことなのでしょうが、先ほども触れた斎藤昌三という古本にかけては、大正から昭和三十年代にかけてのたいへん博学の人物が、吉野作造についての思い出「崑蒻と猥談」（『閑板 書国巡礼記』書物展望社、昭和八年十二月）を書いておりますが、そのなかでこんなふうに言っております。

> たしか文化会同人の一人だつたと思ふ。学士会館か何処かで渡欧の送別会があつた折、喫茶室で、先生いふ。巴里に行つた画家は大抵記念はがきを作つて呉れるものだ。自分（博士）も鹿子木〔猛郎〕（？）君から貰つて帰つたが、モデルの写生が一通り済むと、モデル

の前の毛に絵具を塗らしてはがきに押させ、それにサインさせて記念にするそうだが、君（送別の人）も巴里へ行つたら一枚手に入れて斎藤君の為めに送つて上げて下さいと、真面目で説明されたことがあつた。〔二五五頁〕

このような猥談に近い知識を厭味なく語れる人であったと書いております。

こういうことで、いろいろ総合してみますと、吉野作造という人は、いわゆる大学の教授の頂点を極めているけれども、実際はヨコの繋がりというものを、極めて大事にして、学問もそういうヨコの繋がりのなかでやっていました。

まず、古本屋とつき合うというのは、これはたいへんなことでありまして、古本屋さんというのは非常に変わった人が多く、そういう人たちと常時つき合って、まず情報を蒐集する。大正から昭和にかけての仙台では馬鹿本屋というような本屋があり、東京には上野広小路に文行堂という、今でも子孫がいる古本屋さんがありました。吉野作造は、そこへいつも足を運んでいました。また、それほど遠くないところに朝倉屋というのがあり、そこにも吉野作造は入りびたっています。ですから、大学で講義していた時間よりも、実を言うと古本屋で過ごした時間のほうが長かったのではないかというふうにも考えられます。

日本では比較的弱かったヨコの繋がり——日本はこれまで明治以来、ピラミッド構造のために官も私も非常に統制的な社会になってしまって、どうしても上下の関係が中心になってきました。大学もその例外ではなく、タテの繋がりが強い。そのなかにあって、吉野作造は外との水平な繋がり、英語で言うとhorizontalあるいはverticalという言葉で私は表現していますが、ヨコの繋がりを大切にしてきました。今、神戸の震災などの例から考えても、日本の人たちは、ボランティアということに本気でとり組み始めていて、これはお上を頼りにしないで自分たちで助け合う、ヨコの繋がりでやって行こうという傾向の顕われのように思います。

街角のアカデミーの系譜

明治十三（一八八〇）年頃に、向島に竹馬会という非常に面白い会がありました。向島というところは、だいたい大正の大震災までは江戸の雰囲気をいちばん残していたところです。大震災で焼けてしまって、元の面影はなくなってしまいましたが、それ以前はいろんな人がそこに隠居していました。例えば、榎本武揚という函館戦争の中心人物――この人が外務大臣を最後に官をやめてから向島にお妾さん二人と暮らしていました。また、淡島椿岳という人もいました。この人は埼玉の生まれで、江戸へ来て淡島屋というお菓子屋さんへ養子に入って南画風の絵を描いていました。その当時最高の漢学者と言われていた依田学海が、椿岳の家を訪ねたときの彼の日記（『墨水別墅雑録』昭和六十二年四月）に、「椿岳は豪奢、処女を娶りて妾と為し、其の数を知らず」〔五五頁〕と書いています。そういうようなエピソードを持っているのが椿岳で、その息子（寒月）もまた面白い画家でした。ところで椿岳のことを話していつもみなさんが喜んでくれるのは、内田魯庵が「淡島椿岳——過渡期の文化が産出した画界のハイブリッド」（『新編 思い出す人々』岩波文庫、平成六年二月）のなかで伝えている次の椿岳の辞世の句です。

今まではさまざまの事をして見たが、死んでみるのはこれが初めて。〔三〇五頁〕

先の竹馬会というのは、「趣味」を学問としてやっていたということで、街角のアカデミーの元祖であった。そして明治二十九年には人類学の坪井正五郎が中心となって集古会ができ、林若樹という人物——この人が集古会の書記役をやっていました——は、父親が陸軍軍医総監だったんですが、その父の仕事は継ぎませんでした。病弱だったので大学には行かず、遠縁に当たる坪井正五郎の近くに来て発掘を手伝っていたんです。この人もまた生涯古本の蒐集に力を尽くしていた人で、のちに『集古』という雑誌の編集を担当しています。これは非常に不思議な雑誌で、街角のアカデミーの雑誌、紀要のようなものであった。編集、レイアウトからカットまで、印刷以前のすべてを自分たちでやり、印刷されたものを紐でくくるといったことまでやっています。それは和紙の雑誌で、自分たちで珍重してあえてそういうことをやっていたんです。これが一種の智恵になって、昭和十五年、戦争が始まる前に政府の統制で洋紙を使うことが禁止され、雑誌が廃刊に追い込まれたことがありましたが、この『集古』だけは、和紙が統制されなかったので、それが幸いして昭和十九年まで雑誌を出し続けることができました。つまり一種の智恵の恐ろしさを意識させる歴史を持った雑誌であったわけであります。私はこの『集古』という雑誌に関心を持って研究と資料蒐集を続けております。

ところで吉野作造は、この会とは直接の繋がりはありませんでした。しかし、石井研堂などはこの会に入っていましたから、間接的にはこれらの人たちと知り合っています。

ですから、もうひとつの「街角のアカデミー」は、坪井正五郎らが行っていたわけです。大正十一（一九二二）年九月四日の吉野作造の日記（『吉野作造選集 第十四巻』岩波書店、平成八年五月）に、「三日は午後学校にゆき書棚を整理し四時頃から牛込の林若吉〔若樹の本名〕氏を訪ふ、一日に行く約束を反故にせしを以て也（、）幸太夫の手記を見る」（二七頁）と書いてあります。つまり、集古会と吉野作造の明治文化研究会とは、林若樹を通じて繋がっていたとも言えるわけです。二つの街角のアカデミーが、姉妹校のような形で繋がっていたという面白い時代であったのです。それが大正時代であった。その大正期にはいたずらっぽい、面白い人物たちが集まっていました。その人たちの精神を吉野作造は自らの裡にフルに持っていた学者であったのです。ただの「偉かった学者」ということではなく、「面白かった学者」でもあったということを、古川市の人々はさらに暖かく拡げていってほしいと願っております。

ここまで、吉野作造にネットワークの拡がりがあったこと、そしてこれまであまり気づいていなかった隠れた面白さがあったということを説明してきました。そして、それがあったからこそ本当のデモクラシーが成立するのではないかと思うのです。人に対して距離があって、批判することがデモクラシーのように思われますが、自分に対して距離をもってみて、自分をもからかいの対象にしたりして、コミュニケーションの幅を拡げるというのが、大正デモクラシーの意外に知られない一面であった——以上で、今日のお話を終わりにさせていただきたいと思います。

再生へのもうひとつの視座
——水平型ネットワーク人に学ぶもの

縦型人間と横型人間、あるいは山中共古について

「国家政党の行方」という今日の話題は、私の極めて苦手とするところです。政治について二十年くらい前ですが、イギリスのケンブリッジ大学の教授で、日本でも翻訳書のあるジョージ・スタイナーという人がいて、その人と政治家の話をしたときに「ケンブリッジ大学を出て、キャリアを政治に選ぶような学生に対して、僕は本当に気の毒に思っている。というのは、政治というのは汚い領域で、政治に巻き込まれることで、人間はかなり品性が下劣になる。それ

でそういう人たちに対して気の毒に思っている」と言っていました。日本の感覚とはだいぶ違うなと思いましたね。ケンブリッジ大学の教授ですから、そういう貴族的なものの言い方ができると言えばそうですが、イギリス人は一般的にだいたいそう思っているんじゃないですか。

私自身、政治にはあまりかかわりなく過ごしてきて、うちの家内が根が真面目だから、投票日は逃げられなくて、投票につれて行かれるというくらいです。政治家とは一度、親しくなったことがあります。ガンで亡くなった安倍晋太郎さん。彼が外務大臣をやっていた最後の頃ですが、秘書の方を通して、会いたいと言ってきたんですね。「私なんかと話して何にもいいことないですよ」と言ったら、「本を読むと山口さんはとんでもないことばかり言っている。こういう人に会ってみたい。言っていることが流れ玉みたいなもので、決まった方向から飛んでこない。こういう人のチャレンジを受けてみるのは面白いだろうということで会いたいと思った」と。それで二時間くらいお話をしたんです。その後、いろいろな会にご招待いただいて、何回か出席して言葉を交わしたことがあります。

私は、安倍さんに対して申し訳ないことを言ったと思います。「大臣ね、私みたいなのに時間を使っているようじゃ、総理の座は遠のくばかりじゃないですか」と。病いのため本当にそうなってしまったんですが。純粋な人だったのです。政治家が私に関心を持つのは、どうも危険かもしれない。公明党の前の前の党首、矢野（絢也）さんが私の古い親友と会ったときに、自分は山口氏の本が好きでだいたいは読んでいるということを言ったので、ああ、矢野さんも長くないなと言ったら、間もなく党首の座を降りてしまった。でも矢野さんは勉強家であるということだけは分かった。政治家にも勉強家は二人いた、と。それが私の政治家との出会いです。

私も無原則なところがありまして、青山学院創立百三十周年という会で、「明治のキリスト教徒・山中共古をめぐって」という話をしたわけですが、これは明治のカナディアン・メソジスト横浜海岸教会というのを中心に広まったわけです。静岡に、のちに静岡バンドと言われるような教会ができまして、そこで初代の牧師と二代目の牧師が極めて対照的な違いを示しているという話です。日本メソジスト教会で最初に按手礼を受けて牧師になった人は、山中笑《えむ》という人だったんですが、この人は、幕府が崩壊した頃は十八歳。大奥勤めの侍（和宮様広敷添番《かずのみやさまひろしきそえばん》）で、将軍が静岡に移ったときも静岡についてきた。そこで静岡藩英学校で教授を務めたりしました。

牧師になっても、いわゆる二つの道があって、中央の組織のピラミッドをどんどん登って出世をとげていく人（垂直型）と、地方にずっといることを好む人（水平型）という二つのタイプがはじめから現われているわけです。

この山中笑という人は、静岡市の教会、東京下谷教会に務めた後、山梨県の甲府、それでまた下谷、牛込教会などを経て、最後は静岡に帰ってきた。つまり、中心にいようとしないで、周縁を歩き回ることを好んだんです。人びとと広く接触して、非常に好かれて。侍が牧師になったものだから演説は下手、賛美歌を歌うとキーキーした声で屠殺場の豚みたいだと言われたというような人なんです。

実を言うと、この人はもう一つの面を持っていて、四谷に生まれ育って江戸城のなかで勤めた。従って、江戸の習俗については莫大な知識を持っていた。それから、静岡や山梨をはじめ、各地の細かい集落についてよく通じていて、これについてのちに本を二冊出しているわけです。『甲斐の落葉』(郷土研究社、大正十五年十一月)という本と、もう一冊は『共古随筆』(温古書屋、昭和三年四月)です。そういうことで、柳田國男の初期の先生でもあったわけです。柳田國男が師と仰いでいた珍しい人です。ですからフォークロアの開祖のまた開祖という性格を持っていた。

ところが、明治十八(一八八五)年頃、二代目の静岡メソジスト教会の牧師だった人は、平岩愃保という人なんですが、もともと大学南校、後の東京帝国大学を出て静岡に来たから、出世の手段をあざとくやってしまう。たちまち中央へ行って、どんどん階段を上っていって総監督になってしまった。この人は、山中共古のようなタイプと違って演説はうまい、賛美歌はうまい、手練手管を使って敵を排除するのもたけている。

その人がその総会で、山中笑、あるいは共古と言うんですが、この人を名指しで、「山中は聖職の身にあるにもかかわらず、それを疎かにして、野蛮の異教の趣味をもって始めている。それはとりもなおさず、聖職をゆるがせにしているにほかならない」と言って批判をした。山中共古という人は、カナディアン・メソジストのなかで、もう長老になっているわけです。ただ階段を上がらなかったというだけで悪しざまに罵られたのです。結局、平岩という人は、ある種の必要悪として組織ができたら、組織を今度は逆用して上下関係をつけることに専念して、階段を上がっていくタイプなんです。

そういうタイプの人間のことを、ドイツ出身のテオドール・アドルノというフランクフルト学派の社会学者が、「オーソリアン・パーソナリティ」という言葉を使って研究をしました（『権威主義的パーソナリティ』田中義久ほか訳、青木書店、昭和五十五年十月）。これは、第二次世界大戦中にドイツ人とか日本人とかの枢軸側の団結は、オーソリアン・パーソナリティを中心に形成されるところに特徴があるというような種類の研究ですが、それがモデルになって、オーソリアン・パーソナリティということが言われるようになったんですが、この定義にぴったりと当てはまる人です。

政治のオリエンテーションというのは二つあると思うんですが、その両方を一方に偏らずにいかにうまく活かして行くかということになる。政治の領域ではそういうことになると思うんです。

ただ、キリスト教全体の世界のなかでは、宣教師が長期滞在するわけですから、いろいろな国の習慣や儀礼とかそういうものについて書いて本を出すというのは、プロテスタントにしてもカソリックにしても十九世紀からたくさんあるわけだから、山中共古は決して世界の流れに反したわけでもないんですけれども、その心の狭い平岩という人に悪しざまに罵られては聖職についているわけにはいかないということで、辞職してその後、余生を青山学院の図書館の図書係として過ごしました。館長ではないですから、図書の出し入れまで手伝ったんじゃないかと思うんです。

この人の影響力というのは歳とともにだんだん大きくなっていった。大学の教授などにはならない、そういう人たちを拒まないけれども、街で勉強している人たち——今の時代と違って、明治の終わりから大正にかけてはそういう人たちは必ず江戸時代の情報を大量に持っていて、その上で自分のユニークな視点を出して、勉強をしている。いろいろな情報を蒐集して、組み合わせたりするというタイプの人が多かった、そういう人たちの集まりのシンボルになった。それでいにしえを集めるという『集古』という雑誌にも関係しました。当時の雑誌といえば、洋紙を使った『太陽』というのがあり、羽振りを利かせていましたけど、『集古』というのは、和紙の上に印刷して紐で綴じて——場合によっては自分たちで綴じたような綴じ方をしていたんですが——、明治二十九（一八九六）年から昭和十九（一九四四）年までその雑誌は続いたんです。その雑誌は、横の繋がりを利用しながら作っていくというものです。知識を交換していく、そういうふうなものでしたけれども、そのバックナンバーは本の好きな人や民俗学をやっている人にとっては、ほとんど宝物と言われているものです。

晩年、青山学院に奉職したということで、青山学院大学で話をしたときには、結局、人間には組織との関係で言うと縦型と横型、バーティカルとホリゾンタルというようなものがある。そのどのあたりに自分を置くかというのが、これからの課題でもあるのではないかということを話しました。

ネットワークづくりの名手・田中智学

次に大正時代に起こった宮沢賢治が影響を受けた国柱会という団体があります。その国柱会が百十周年ということでお話(「私の田中智学」、本書一〇〇頁に収録)をしたわけです。

そこで話しましたのは、国柱会というのは日蓮の宗門とは違って、在家仏教の性格を持っている。在家仏教としては、戦後、戸田城聖を中心に始まった創価学会というのが遙かに大きな組織で、この国柱会というのは本当に小さい組織ですが、大正時代には非常に多くの人をひきつけた。宮沢賢治が田中智学という人にたいへん強くひきつけられた。ユニークな軍人としては、東條英機によって陸軍から追われた石原莞爾という軍人、その人も田中智学を通して潔く日蓮宗に帰依した。会で私が言ったことは、宗教組織というのはヒエラルキーをつくる傾向がある。ところが、この国柱会というのはそういうヒエラルキーがなかった。途中まで修行した田中智学が宗門から出てしまって、それでつくったのがこの国柱会という団体です。

初期の歴史をずっと調べてみると、田中智学という人は日本橋に生まれて、日本橋・神田あたりの土地の文化というのは非常に深く身につけていた。日本の近代で指導的な立場を取った人で、この人ほど音楽でも踊りでも俗曲でも、江戸時代のそういった芸を身につけている人は少ない。伝道の組織も江戸の末期頃、江戸八講という連合があった。政治組織で言うと日本人のなかで幕府の時代でも講があって、庚申講とかお日待ち講とかで人が集まる。ですから、この集まりも一種の講みたいなものではないかと思いますが、そういう町の人たちの世話人たちが中心になって集まってくる。そういうような横の繋がりによってできている組織で、神田講と極めて密接な関係にあった。

初期の智学の演説会場を見てみると、だいたいあちこちの貸席なんですね。普通料亭として使っているところで、宗教の法を説く演説会をやっている。これは非常に珍しい。ですから雰囲気が江戸っ子、神田っ子といった集団として成長していっている。神田の勧工場というのがあるんですが、デパートができる以前のデパートみたいな場所です。勧工場は、普通二階からできていて、洋風の木造建築で、下には真ん中に庭園があって、楽隊なんかが音楽を演奏している。品物はしゃれた産業博覧会なんかで出品されて残ったものが、そこで売りさばかれている。ですからいろいろな物があって、デパートのはしりのようなもの。田中智学は、はやらなくなった神田のほうの勧工場を見つけて、そこの二階を事務所にしていた。

だから神田の付近の人が非常に多く集まった。典型的なのは、現在伊勢丹は新宿にありますが、もとは神田にあった伊勢庄呉服店に小僧として入った小菅丹治という人が、やがてのれん分けしてもらい伊勢丹呉服店として始めたんです。丹治は同じ町内だったこともあり、田中智学の日蓮宗に帰依した。それでいろいろな指示を得ました。彼が、大正時代に田中智学の指示でやったのは、伊勢丹の「伊」を真っ赤な風呂敷に白く染め抜いて、それを小僧に荷物を持たせて町を走らせる。これは非常にデザイン的には斬新だったので、人目をひいた〔この事実の出所は不明。小菅丹治が風呂敷に真っ赤な「伊」の字を染めたという点については伊勢丹の資料に確認できるが、それが田中智学の指示によるものかどうかについては、伊勢丹、国柱会のどちらの資料にも発見できなかった。〕。

田中智学という人はそういうファッション感覚も抜群にあって、さらに諸芸に通じていた。ですから、彼の繋がりは宗教的な繋がりを越えて広がっていく。例えば、坪内逍遙などは彼の話を聞いて彼のところに訪ねてくるんです。いま自分は『法難』という日蓮のことを題材にした芝居を書きはじめているから、いろんなことを教えてもらいたいと、坪内逍遙のほうから接近していった。それで生涯、親しい友達になってゆく。

それから田中智学は、尚古会という江戸趣味を持っている人たちの集まりをつくった。そこに加わってきた人たちは、まったく日蓮宗と関係ない人もたくさんいる。

その当時、山中笑とも非常に親しかった清水晴風という人がいました。この人が神田の、荷車を使って荷物を運ぶところの若旦那だったのですが、旅行が好きで、日本全国を歩き回って玩具を集めていたために、「玩具博士」という綽名で呼ばれていた人です。この人は『神田の伝説』（神田公論社、大正二年十月）という本を残しています。自分の手書きの玩具の本は『うなゐの友』という六冊くらいの本で、現在全巻で五十万円くらいするんです。玩具を集め、玩具にまつわる民俗を聞き書きしていく。非常に詳しい聞き書きをとっていって、それをもとにあちこちの雑誌に非常にたくさん文章を寄稿している。ですから町の学者とはいえ、周りの人か

小菅丹治（初代）
（1859-1916）

ら尊敬を受けていた。

それからその周りの人のなかに、明治二十二（一八八九）年に東京芸大が始まったとき、最初の彫刻家の教授になった竹内久一《たけのうちひさかず》という人がいます。この人は、彫刻家だけれど、根っからの浅草っ子なんです。この人も江戸の民俗について非常に詳しい知識を持っていた。

この二人は、今では信じられないですが、お父さん同士が友達だったから、男の子同士お見合いをして、それで友達になったという。江戸の雰囲気の不思議なところですね。お父さんたちが話し合って、「うちの息子も利発だけど、お宅の息子も聡明だ。息子たちがつき合うというのは将来に非常にいいことだと思うから、息子たちを会わせてお見合いさせよう」と言って、お父さんたちがお見合いをさせた。それで生涯の友達になった。

それからずっと広げていくと、市島《いちしま》春城という早稲田大学の図書館長とか、高田早苗という早稲田の学長とかが加わってくる。これもまたネットワークの繋がりをうまく使っていたから、田中智学という人は二重にそういうものをつくっている。布教もいちおう神田の地元っ子を中心に、神田日本橋から始まっている。それから、羽衣で有名な松原に一年に一度集まるために最勝閣という大きな建物をつくっている。それは今はありません。そこで一年に一回講習会をしたりしているから、大阪とか福島県の白河とか、いろんなところから馳せ参じてくるというところがあったわけです。

従って、この日蓮宗のある種の集団を見ても縦割りではなく、横割りというのもおかしいですが、横の繋がりを生かす、組織にならない組織前の繋がりをつくるのが上手な人だった。

この田中智学は昭和三（一九二八）年に一回選挙に出て、前評判は圧倒的によかったんですが、お金の使い方が足りなくて実際は落選したということがあります。政治にはちょっと近づいていたときもありました。

こういうふうにして見てくると、政治の世界においても、講とかそういうものは横路（孝弘）北海道知事の選挙のときにちょっと復活して、勝手連という支援組織ができた。それが、日本在来の形態が政治のなかによみがえってきたということだと思う。たいてい支援組織というのは縦割りでできている。組織をつくっていかなければ長持ちしない。組織を通じて金を吸いあげようというのが長く続いた。そう言いながら、オールタナティブというのはそういうかたちで何となく示されていく。ところがオールタナティブを育てていく力というのは、一人一人でもまだまだ欠けている。

なぜ大学不用論なのか

私自身が政治にもし関心を持つとしたら、教育ですね。本気で教育が今どういう状態にあるかということを考えて、いじめの問題などでも教育に関心を持つ人が多いわけだけれども、明治以来の教育を根本的に考え直す運動を起こさなくてはならないのではないか、文部省といえども全然、独自の見解がない。日教組も頼りにならない。

最近の政党の離合集散はどうでもいいと思う。だけれど最も醜悪だったのは、文部省と日教組が仲直りしたというニュースです。「どっちも死ね」と言いたいですね。その情けない状態をみるまで長生きしたというのは、本当につまらないなという気がしないでもないです。

私が感じていることは、フランスの真似をして、ポストモダニズムとか脱構築とかいう言葉が流行ったりしていますが、脱構築をいうのであれば、脱構築しながら、何を今度は構築していきたいのかということを明確にすべきである。そうすると、教育のなかでやらなくちゃならないことというのは、明治以来当たり前のものとして受け入れられてしまっている薩長がつくり上げたヒエラルキーの体制というものを再検討することです。そのヒエラルキー体制は戦争に負けて民主主義になってから消えてしまっていると誤解しているわけだけれども、それは立派に生き残って、日本の教育を歪め、あらゆる点で弊害の元をなしている。それを根本的に再検討しようではないかと提案する政治家がいつ出てくるのかと思っているのです。

教育の制度は官学、つまり東京大学を頂点としたピラミッドというのがあって、国立、公立、私立という体制が文部省の補助金などにも表れていますし、勲章の制度をみていても、私立大学の学長などはだいたい勲三等どまりだ。どうでもいいような政治家が勲一等をもらっていますね。指三本の政治家〔宇野宗佑元首相のこと。平成元（一九八九）年、宇野内閣発足早々に神楽坂芸者に指三本（三十万円を指す）を出して愛人になるよう要求したとする記事が週刊誌に掲載され、当時こう揶揄された。〕も勲一等大勲章をもらっていますね。官公立の学長は一等、二等をもらう。明らかに格差をつけているんです。統計をとって、コンピュータに入れて私立出身との統計を一覧表につくって新聞はそれを出すべきだと思います。感情的に反対とかと言わないで。

それから一等、二等、三等という言い方は国鉄でも廃止したのに、勲章をいまだにつけて喜んでいるのは日本だけではないか。文化で勲章を出すんなら、生活イコール文化というのが文化人類学の主張するところですから、国民全部に文化勲章を出さなければならないのではないか。そういうことになると思うんです。

私自身だって日本からは勲章ひとつもらっていませんが、フランスから勲章をもらっているんです。芸術・文芸のオフィシエ（士官）賞です。文芸というのは、小説だけでなく詩や芝居やあらゆるものが入っているんですね。オフィシエ賞を与えますと筒に入れて送ってきた。これは何だと思って大使館に電話して聞いたら、いや、フランスの文化勲章に相当するもので、いちばん上がコマンドゥール賞という賞。二番目がオフィシエ賞という私がもらったもの。三番目がふつう日本のたくさんの方が頂いているシュバリエ賞ということなんです。ふつう大騒ぎするはずなんですが、私も、なんか間違って来たんじゃないか、あとで返してくれと言ってきたら困るから、人に言わなかった。

フランス文学者の渡辺守章という人がいて、その人に話したら、「僕ももらったけど、山口さん黙っててもくれたの、おかしいな。僕は十五枚くらい書類がきて、それに書き込めと言うから、それを一生懸命書いてやっともらったんだ」って。勲章を別にくれるのかと思ったら、「勲章らしいものはこないよ。あれは普通は筒のなかに略章という小さいのがついているから、ポンポンと底を叩いたら出てくるよ」と言われたので、家にかえってやってみたけど出てこなかった。「あれはなんか良いことあるの」と言ったら、「あれをつけていれば税関はフリーパスだ」と言っていた。それだけのことらしいんですね。

という結末なんですが、勲章そのもののあほらしさというのはそういうものにも表われているというわけですね。ですから、結局当たり前のように、金鵄《きんし》勲章は廃止したままだけど、われわれは戦後やめてまた途中からなんとなくもとに戻したという、それと同じような等級をつけることですね。だから、官尊民卑的な構造は圧倒的に続いている。それについての疑いがあまり出ないということ自体がおかしい。

それから私自身は、今日、大学はいらないという立場です。定年で今年辞めてから大きな声でそんなことを言うようになったと言われていますが。大学は、明治政府が海外に留学生を送って、箔をつけて、それを権力がバックアップして学ぶべきことであるということを提示するためにつくったものである。しかし現在は、大学がそういった意味では、機能を果たしていない。薩長を中心としたヒエラルキーの制度。その明治の教育自体がヨーロッパの真似をする、それ以外のものは学問として認めないということで、音楽でも体操でもヨーロッパの真似を中心にあらゆる学校の教科目も制定してきた。徳川の政府ではなくて、新しい政府はこれだ、これの言うことを聞けということで続いてきた。

大学というのは、三つの要素があると思う。

まず研究をする。研究をするというのは、大学でなくても企業でもできると思う。企業が合同で研究所を持つのはなかなか難しいところがあると思う。秘密がすぐにばれてしまうから。しかしそうではなくて、閉じた企業から開かれた企業に移行すれば、大学で研究をやっていかなくてはならないということはない。教育も大学でなくては学べないということはなくなっている。だいたいが情報化されてコンピュータに入力されていますから、それをうまく利用する方法が分かれば高等学校くらいでそれはできるはずだ。だから、大学というものを必要としない。

明治時代には、大学は貴重な本がたくさん集まっている図書館であったというわけですが、今日のように書籍の概念が解体してしまって、情報の入力は本という形をとらなくてもできるということになったら、まず図書館というスペースを要求するような場所に予算をかけてそれを置いておくことはない。

それからもう一つ。研究所とか情報センターとか図書館は、なにも東京などの大都市に集中しなくても山のなかに分散してもよろしいではないかということも言える。

研究所というのは応募制度にして、研究員も、企業にいる人でもどんどん三、四年プロジェクトを組んでやっていくという形をとることも可能である。大学は実体をなしていそうで、実は幽霊の正体見たり枯れ尾花、という言葉に近いという状態にあると思うわけ。それからあとは、教育は地方分権にしてしまうということになる。

今に生きる石原莞爾の発想

ここで少し話に出したいのは、田中智学の影響下にあった石原莞爾ですね。非常に先見性のある人で、五十年先を見ることができる人だったけれど、一歩前が見えなかったために足をすくわれて、参謀本部から追い出されてしまったというところがあるわけですが、この人はそれで舞鶴の要塞司令官、第十六師団長、予備役へとだんだんと追いやれてしまった。戦後は山形県庄内平野の北にある遊佐《ゆざ》町のほうに引退するわけです。

石原莞爾がいかに先見性があったかということは、昭和十二（一九三七）年の段階でこういうことを言っているんです。

現在、大集団で戦争をやっているけれども、戦争というのは、両方の機能が発達していくに従って小集団の戦いになっていく。ナポレオンのときには、師団中心に動いていた。それから連隊中心に動くような戦闘の組み方になって、だんだん小さくなっていく。そして小隊ですね。さらに将来は、個人の兵士が十分な通信機能を備えて連絡をとりながら、独自に動く形態を発達させることができるということを、昭和十二年の段階で宣言していた。

それを実現する前に日本は負けてしまいましたから当たったとは言えないけれど、同じことをビジネスの世界で考えたら、今日、石原莞爾には予言能力があった。四谷駅に着いてホームから手すりにつかまってあがろうとしたら、途中で女性が階段の手すりに片手をかけて移動電

石原莞爾
(1889-1949)

話で話している。ふーむ、まさに石原莞爾の時代だなと。個人が移動しながらも、情報を集めている、発信している。そういう女性のポーズにも、時代の風俗として表れてしまっているというくらいです。

戦後、彼が言ったことは、教育は少なくとも分権にしろ、国まで分権にすることはないけれども、緩やかな連合くらいにしろと、石原莞爾はそういうことを言っているわけです。教育は完全に地方単位にして、そして農村と都市との関係においては都市を農村に吸収する。今の日本の流れは農村を都市に吸収するというかたちで常に動いているけれども、農村に都市を吸収するといった感じ。都市として機能しているものが、農村のなかにあるような状態をつくればよろしいんじゃないか、と。

石原莞爾の言ったように農村は都市を吸収する。それから学校は大学程度のものはいらない。高等学校を充実させたらよろしい。プロフェッサー級の人間を高等学校の教授に入れたらよろしい。それでだいたい高等学校は六年制くらいにしておく。勉強したい人は徹底的に勉強して、出てからはその地方で働くようにする。

中央を設けて何でもかんでも人材を吸収するのではなくて、地方を頼りにする。そのかわり、高等学校を出るまでは地方が徹底的に面倒をみる、それで地方のなかで人材が循環するというようなかたちをとる必要があるのではないか。石原莞爾は、明治維新のときに幕府側についた庄内藩の出身ですから、負けた藩です。ですから、体質的に薩長スタイルのヒエラルキーというものから離脱しようということがあったと言えるのではないか。それが都市の解体に繋がっているのではないかと思います。

弱い中心、強い周縁の妙

私が政治に関心を持つとしたら、そういうことをやろうという人が現われた場合なんです。この頃の政治家は本当に自分のプログラムを本にすることは避けて、どうでもいいようなことをゴーストライターに書かせて選挙が近くなると本を出すというようなタイプがあまりにも多すぎる。

それに比べて大正十三（一九二四）年頃、自分で政党（実業同志会、のちに国民同志会と改称）をつくって立候補した鐘紡の社長で、武藤山治という人がいた。この人はあえて東京に本社を置かないで、大阪に本社を持つ。東京離れということを実行しようとしていた。武藤山治は立候補したりする場合にも綱領を五、六十ページの本にまとめて、自分はこういうことをやっていくつもりだということをはっきりと書いて、そういう本を三冊くらい出している。そういう政治家というのはあまりもう見ないですね。みんな党に任せているとかなんとかですね。なんであの人が暗殺されたのか分からないんですが、昭和九（一九三四）年に暗殺されているんです。あまりに先見の明がありすぎたから、背後の力が動いたのかもしれませんが。武藤山治という人のことを少し思い出せよ政治家ども、という気がしています。

政党のお題目はどうでもいいのであって、自分で方針、綱領を打ち出せる人の出現を望みます。そのための力になるようなことをやってくださる勝手連がここにでき上がってきたのは、たいへん喜ばしいことだと思います。

最後に一つ付け加えますと、日本の政治の構造は弱い中心があって、周りをいろんなのが固めているときがいちばん安定している。現在（平成六年）の村山（富市）首相もそうです。もともと天皇制がそういう構造をもっていた。

古典で、『蟬丸』という能があって、蟬丸が目が見えないために皇太子なんかに追いやられ、中心から追放された。その役どころが、皇太子になった蟬丸は逢坂山に住んで、なんとかの三位とかという宮廷の宮職たちが周りを固めている。ある研究者によると、逢坂山の付近にいた被差別集団の構造を反映しているという。被差別集団というのは、京へ出て盲目の子供をさらってくる。癩病なんかになった子供をさらってくる。そしてそれを中心に立てて、影響力を周りの共同体に及ぼしてゆく。

そういう組織は日本のいたるところであった。例えば、ミイラ上人というのが羽黒山などにあった。それは江戸時代に飢饉がやってきたりすると、一世行人というのが名乗りをあげる。この人は断食の行に入っていて木の葉しか食べていない。羽黒山の組織は代々世襲の家系の人たちで固めている。だからどこから流れてきたとも分からない者は、奴隷に近い存在でおしまいということになる。しかし周りの社会が飢饉やなんかに陥っているときに、一世行人というので立候補すると、周りがへェーッと、畏敬の念を抱く。それでめでたくミイラになっていく。そういう構造は日本の社会のいたるところにありうると言える。この条件が備わっているとき、政治は安定している。

日本人は中心がそういう構造を持っているとき、いちばん安心しているんでしょうね。だから、いま村山首相は理想的な首相ではないかな。わざわざ選挙をやらなくてもクジで選んでもたいして変わらないのではないかな、と思う今日この頃です。

私の田中智学

国柱会に関心を持つに至った動機

ご紹介いただきましたが、無縁の門外漢で、このような晴れの席でお話する私ではないと思っています。田中隆一事務局長と個人的な友だちとなりまして、昨年（平成五年）、国柱会本部を訪ね、会長にもお会いして、お近づきになりました。

昭和三十（一九五五）年、私は国柱会の存在を知らずに大学を出たのですが、その年に不思議な本を神田神保町の古書店で手に入れました。里見岸雄著『天皇の科学的研究』（先進社、昭和七年七月）という本です。当時は、天皇制、天皇に対して今日とはまったく違った見方が一般的でしたから、どういう立場から書いたのかなと思いまして、家に帰って読みました〔里見岸雄は田中智学の三男〕。

読んでみますと、日本ばかりでなくフランスやドイツの社会科学なども取り上げ、非常に幅広い立場から、天皇と日本国体について書かれています。

当時の歴史家たちは、ほとんどこの本に触れていないので、気にはなっていましたが、私の専門は文化人類学ですから、日本の天皇制とアフリカの君主制と比較対照してみようと思いまして、里見岸雄の存在を忘れた感じになっていました。

しかし、ある時から、宮沢賢治の作品や賢治研究の文献を読んでいるうちに、賢治が田中智学という人から深い影響を受けたということを知りました。国文学の人たちの研究を見ますと、

田中智学
（1861-1939）

幾人かの方をのぞいて、宮沢賢治の法華経信仰に決定的な影響を与えた田中智学に深く触れている人は余りいません。どうしてかと考えましたが、戦後の風潮の変化で、智学先生がもっていた日本国体に関する考えに、国文学者がなじまないということもあるのかなと思っていたわけです。

それから、いろいろな方面から国柱会に関心を持ちはじめました。特にここ二、三年くらいは、岩波書店で出している『へるめす』という雑誌に、日本の近代で、中央集権的な政治とか官僚組織、学問、教育などで、上下関係とはかかわらないで生きてきた人たちのことを書いてきましたが、その一人に石原莞爾がいます。

石原莞爾は山形県の庄内藩があったところの出身です。この藩は戊辰戦争で官軍に一時期反抗したものの西郷隆盛の理解を得て、会津藩のような酷い仕打ちは受けませんでした。本来そういう藩の出身者は、明治以降の官僚組織の中では、なかなか上にあがれないようにできていたわけですけれども、彼は優秀な人ですから、中将にまでなりました。

石原莞爾は、軍人の中では、オリジナリティ、ユニーク性において他を圧する人です。そのため東條英機に軍籍をはずされました。この人が国柱会の三保・最勝閣の講習会に熱心に参加して、智学先生が宗門による内閣を作らねばならないと言ったところ、「私は陸軍大臣をつとめさせていただきます」と名のったというエピソードが伝えられています。

そういうわけで、宮沢賢治、石原莞爾、それと伊勢丹の小菅丹治、ジのつく三人に興味を持ち、ユーモアをまじえて「智学をめぐる三ジ」と書いたこともあります（『「敗者」の精神史』岩波書店、平成七年七月）。文学、軍人、商業と、それぞれの世界でユニークな三人から尊敬を集めた田中智学とはどういう人か、次第次第に関心が深まって、智学先生に関する本を古書店で集め、さらに十巻の『田中智学自伝』（『師子王全集　わが経しあと／ひとの面影』第二輯第一巻〜第三輯第十巻、師子王全集刊行会、昭和十一年十一月〜同十三年八月）も手に入れました。

日本の近代を考えると、垂直の軸と水平の軸があると思います。垂直の軸はヒエラルキー、上下関係を中心に組織された人間のあり方。水平の軸はアソシエーション、共通の関心をもとに自分の意志で横の繋がりを大事にするという人間のあり方、智学先生が初期に確立したのは、基本的に水平の軸のものではなかろうか、と私は考えました。宗門の上下関係という組織の中での信仰でなく、在家における横の繋がりを大事にする信仰、それが国柱会の組織の基本にあったと考えます。

人類学的にみても、垂直と水平という二つの軸は、いたるところにあります。西アフリカの社会を研究しまして、ナイジェリアのイバダン大学で二年間「アフリカ人の伝統的な政治組織」の講義をしました〔山口さんがイバダン大学で講義をしたのは、一九六三（昭和三十八）年〜六五年のこと。〕。西アフリカの政治組織をみると、現世を支配する王様から大臣がいて、大臣を囲む各地から選ばれた評議員がいてというように、ヒエラルキーの組織になっています。けれども同時にアソシエーション、横の繋がりもたくさんあって、場合によっては地下にもぐって秘密の組織になっています。

今度また調査に行くバリ島〔山口さんは河合隼雄の「異類婚姻譚の比較研究」共同調査団に同行して一九九四（平成六）年十一月三十日～十二月四日、バリ島を訪れた。〕にも、同じような二つの軸があります。バリ島にはヒンズー教が入っていまして、伝統的なもので三つのカーストに分かれています。しかし上下関係の制約を受けない自由に集まる横の繋がりも無数にあり、そこで自分を発散し表現しているのです。

そのような観点から日本の社会を考えてみますと、徳川時代は封建時代で、上下関係が厳しく決められていたように見えますけれども、公式なものでない自発的な集まりもありました。例えば講という組織です。宗教にも講がありました。俳諧とか長唄などの芸の世界でも、連や座という横の繋がりができていました。

智学先生には、そういう自発的な横の繋がり、講の感覚が非常に活きていたと思います。年譜をみますと、智学先生は、はじめ神田や日本橋などの町人が集まりやすい貸席を使って活動されています。

幕末には江戸八講と言われる大きな講がありましたが、その一つに寿講といって、駿河屋七兵衛をリーダーとする講が神田附近にあった。この駿河屋七兵衛は古着問屋を営む町人ながら、法華の教義に精通していて、門弟が三千人もいたと言われ、智学先生のお父さんは高弟の一人でした。

智学先生は講の人たちと非常に親しかったらしく、場所の提供を受けたり、いろいろ智恵を授けられたり、そういう出発の仕方をしています。講の感覚や江戸町人的な教養を身につけた先生の人柄に引きつけられた人は、非常に多かったに違いないと思います。

語録によって描く智学先生の輪郭

智学先生のお書きになったものは膨大な量ですが、『師子王全集』の「警策篇」（師子王全集刊行会、昭和六年七月）には、箴言《しんげん》というのじゃないけれど語録的なものがたくさん集められています。それを見ておりますと、今で言えばメディア、コミュニケーションということに非常に敏感です。

私は日蓮聖人の深い考えには、まだまだ到達する能力に欠けている人間ではありますが、この語録によって智学先生の輪郭を描いてみようと、いくつか読ませていただきます。「巴雷偶《はらい》語」の中に今でも通じる庶民的な形の「煙草屋の引越し」というのがあります。

客「どうもお気の毒なことですなア、シテ此の先どうなさるお積りで？　は丶ア郷里へお引ツ込みで、随分な御損でしたらう、役所も余りですなア。

主「何しろ一年からといふもの、まるで商売が出来ないで永《なが》の間喰込んだのですからねヱ、資本も手薄で取り付いて、ヤツとあの煙草屋と御近所からも言はれる様になツたところで、あの下水工事でしよう、店の前は砂利《じやり》の山、その前が大きな溝《どぶ》、まるで交通遮断です、それが一年も長引いたのですから、店もつぶれる筈です。

客「係りのものへ抗議をしたら可《よ》いでしたらうがなア。

主「いくらヤツても『今に〳〵』とばかりで、つかまへ所がないから仕方がありません、その不得要領の挨拶を手に入れるだけに一ケ月もかゝるのですからなア。

客「なるほどなア、でもお気の毒なことです。〔三〇〇～三〇一頁〕

主のほうは店の持ち主ですね。非常に砕けた調子で書かれています。そして役所の非能率ということが入ってくる。いわゆる高みから法を説くというのではなく、身近なところから法を説くというところがあります。

すべてそういう面では先を取っていた。例えば今、臨海都市計画が進められていますが、先生は早くから大きな構想をもって『東京新都市論』（天業民報社出版部、大正十一年一月）という大論文を発表されています。「舟の趣味」と題するものを読んでみます。

東京人を活かす法、すべての都会もさうだが、わけて今の東京人に味はせたきは、舟の趣味なり、陸の便利に昂心して、トント舟行《しうかう》の情味を忘れたる、たしかに躁苛浅薄の風を馴致せるが如し、少《すこし》は頭を休め身体《からだ》を静かに扱ふの工夫も必要なり、盛に舟を用ふべし、是東京人の頭と胸とを健復する一の良法なり。〔三九〇頁〕

これは、今日、非常に必要とされている考え方です。智学先生は、川の上のコミュニケーションの面白さをよく知っておられた。別のところで、「東京人と船」と題して同じことを言われています。

昔は交通機関に船を盛に用ひた江戸人、今は自動車電車に喘ぎ歩く東京人、便利の外に文化なしと誤りたる現代人は、噪狂と塵の犠牲となりて怪《あやし》まず、憐れなるかな便利地獄の世、この時にあたりて一点の清涼液は、緩《ゆる》き交通を復興し浄き静安を求むる為、船舶航行を盛にするに在り、さしずめ月に一二度は船で考へながら息つく事なり。〔四九八頁〕

これは、まさに平成の現代にも通用する言葉ですね。便利地獄、いい表現ですね。まさに私もそう思います。先月、私は山形県の最上川くだりをやりましたが、舟の旅は人間を解放することがよくわかりました。

江戸はヴェニスのような、水上都市と言われるくらいに、あちこちに運河がありました。なんにもない空間というものは、一番心を充実できる空間です。川は水が鏡の役割を果たして、人の心を投影するような機能のほかに、道路の機能も帯びています。前橋の広瀬川もまさにそうです。ところが広瀬川に蓋をして立体駐車場をつくるという計画が出され、市民運動の反対で中止されました。

川の上の空間になんにもないのはマイナスと取る現代人に対して、智学先生は、船上で悠々と遊ぶ、交通は、なんでも早く運ぶだけではなく、人の心をゆったりと運ぶ、心を開いていくことがもう一つの役目ではないか、とおっしゃっています。

「点茶立花の日本」という題の文章があります。これは今日の国際交流においても必要なことです。

国民の趣味は、その徳風情操より胚胎し来《きた》る、点茶の静寂と立花の幽趣は、数字的頭脳で、のめる様に歩るく西洋人には、金輪奈落理解し得ざるべきか、然《しか》も日本人は却《かへッ》て能く西洋の儀礼風習から精神気風まで呑了して綽々《しゃく〳〵》たり、西人若《もし》点茶立花の趣味を解し得《う》る時に到らば、日本は世界文明の中心国たるの時たるべし。〔四九九頁〕

と言っておられます。武力で日本の威力を広げるということではぜんぜんなくて、日本人の空間感覚、日本人の組み立てる力、花なら花の総合力というものを表現する。西洋人はそれを学ぶべきだということを、言われています。

お茶をただ形だけでやるのではなくて、精神的な文化交流が必要なのだと、コミュニケーションについて智学先生は的確に指摘されています。そのほか、今日で言えばマルチメディアに相当することを、智学先生は心がけておられた。例えば「レコードの言語」と題する文章。

おもふことをレコードで話す、どこへも拡げて行《ゆ》ける、而《しか》も其が何百年の後《のち》までも残る、だからウツカリは話せない、一語を誤れば其は取返しが出来ない、故にその話稿は一言一語も深い注意と鍛錬が要る、時間にすれば一枚の吹込六分四十秒だが、その話稿の用意は、数百枚の構想執筆にも該当する、始めて言語の大切なる事を痛感した、『言語には宰我子《さいがし》貢《かう》』、それが徳行に次ぐとは、いかさま真実だと思う。〔五〇五頁〕

このように、言葉に対する注意と鍛錬によってメディアを使えと言っておられます。智学先生は早くからラジオ放送もし、レコードの録音もされています。

それと同時に、庶民のコミュニケーションの手段であった俗曲のたぐいについても、すばらしい表現をしておられます。なぜ私が感心するかというと、智学先生は音楽のよさを知り活かそうとされたからです。

日本の近代の教育で非常に残念なことは、西洋をモデルにして追いつけ追いこせと、急ピッチで進もうとしたために、日本人が本来持っていたいろいろな自己表現の型の大半を無視してしまったことです。例えば音楽教育ですね。

日本には古代の歌謡から、催馬楽とか宮廷儀礼にうたわれた歌謡、中世の室町時代には『閑吟集』などの歌謡があり、江戸時代には小唄、端唄、長唄はじめ何とか節といろいろあり、楽器も三味線、琵琶などの伝統があったにもかかわらず、明治の音楽教育はまずピアノを楽器として決め、ドレミファの音階に合うものだけを教育に使うようにしました。従って在来の俗曲と言われるものや民謡などは無視されてしまいました。

智学先生の日本の音楽を活かそうとする感覚は、実際に日蓮聖人の事蹟を舞台にのせるときに、大いに活きたと思われます。「俗曲開題の第二軍」という題で、

民間流伝の俗曲は、既に法華開顕の金鍼《きんしん》によりて、正気の脉《みやく》は通じたり、盛に世に伝唱せられて、正法発揚の資《たす》けを為すに至る、善哉《よいかな》俗曲、毒薬変じて薬となる、廃物利用の妙諦《めうたい》、開顕蘇生の玄機、今や事実に立証され畢《をは》んぬ。〔三〇二頁〕

と言われ、正法正義宣伝のために俗曲を大いに活用されています。

智学先生は、日本の近代の歪みを正す非常に幅の広い面を常に持っていますが、例えばリズム感を大事にされた。「江戸の法華」という文章があります。

『ヱ、お花ア〳〵、ヱ、お綿ア〳〵』。

江戸の十月は、全市この売声にみちたりし、身延の大関帳に、木綿の相場を狂はしたる昔は、日本中法華かとおもふほどの勢《いきほひ》なりしが、帝劇の日蓮記におひねり一つ見ざる今日、之を進歩と見んか退歩とせんか、とにかく懐かしき江戸の昔、

『ヱ、お花ア〳〵、ヱ、お綿ア〳〵』。〔三一九〜三二〇頁〕

こういうリズムというのは、都市の空間には必要であることを強調されています。

人のネットワークをつくるのが上手

智学先生のもう一つの魅力は、芸術家を含め人のネットワークをつくるのが絶妙に上手だったということであります。日本の近代を論ずるとき忘れてはならない人々を引用されています。「余のこれまでに知れるうちで」は、十項にわたってユニークな人物を二人ずつ選んでいます。

そのうちの「癇癪の痛快なる二人」〔三三七頁〕の一人は星亨。東京市会議長を務めた論客で暗殺された人です。もう一人は高山樗牛《ちょぎゅう》。国柱会に関係の深い、誰でも知っている情熱家で、智学先生とも深いかかわりがありましたが、惜しくも早世しました。

「有技不遇の者二人」〔三三六頁〕には、榊原健吉と村越滄洲を挙げています。智学先生と親しかった榊原健吉は、幕末最強の剣客の一人でしたが、新政府に仕える気がなかったので、大道で技をみせるとかいろんなことをやっていた人です。村越滄洲は鏝《こて》細工の名人と言われた人だそうです。

「真の江戸ッ子二人」〔三三六頁〕には、伊豆屋伊兵衛と竹内久一《たけのうちひさかず》の二人、伊豆屋伊兵衛は回船問屋の主人で侠気肌の人だったそうです。竹内久一は日本近代最初の大彫刻家で、岡倉天心が創立した美術学校の教授になった人です。

竹内久一を智学先生に紹介したのは、清水晴風という人です。晴風は運送屋でしたが、非常に多芸多趣味な人で、久一とは小さい頃から無二の親友でした。晴風は神田っ子、久一は浅草っ子ですが、親同士が知り合いで、二人に見合いをさせ、それから友人関係を結ぶようになったという話があります。

すでに美術学校の教授であった久一は、立正安国会（国柱会の前身）の会員であった晴風にすすめられ、智学先生の法華経の講話を聴聞して入信したのです。

あるとき久一が智学先生を訪ねてきて「私は先生のご教恩に接して、信仰をもつことができました。これからは法華経の信を起こし安国会の会員になった甲斐ある仕事をします。私の信仰の表現というものについては、近日できあがりますから、先生に一ぺんご覧ねがいます」と言って、できあがったのが神武天皇像で、明治二十三（一八九〇）年の第三回内国勧業博覧会で妙技二等賞を受賞しました。これは彼の代表作で、今でも名作と言われています。

私は国柱会と竹内久一との関係については知らなかったのですが、昨年こちらにお邪魔して、智学先生記念館で見てびっくりしました。

智学先生の偉大さは、挙げればきりがありませんが、仲間づくりのうまさという感覚、センスがあると思います。大正十三（一九二四）年五月、智学先生がかねてより考えていた江戸文化、江戸趣味を研究する試みの会が始められました。江戸研究会というこの会では、高村光雲の「江戸の火事」の話を皮切りに、香取秀真《ほつま》の「糊の話」や「釣鐘の話」など文人大家が話をしています。香取秀真といえば国宝級の鋳金の名人です。この会は後に国醇会と改称されましたが、メンバーには心理学の高島平三郎の名もみえます。

智学先生は、坪内逍遙とも親交がありました。そういったすぐれた人たちを集めることができた智学先生は、日蓮聖人の教えを深く体得され、志は非常に高邁でしたが、人とのコミュニケーションでは、きわめて普通の人たちとも親しまれながら、もっともすぐれた人たちを組織されたのです。

今日からみても、最も魅力ある日本人として、近代において十人を挙げれば、智学先生は必ず入ります。私はこれからも、智学先生とその周りにいた方々をいろいろ勉強させていただいて、書いたり発表したいと思っておりますので、これを機会に皆さま方にいろいろお願い致しまして、話を終わらせていただきます。

山名文夫の仕事

一九一三年—一九二二年

山名文夫《あやお》の面白さに気付いたのは『「挫折」の昭和史』を雑誌『へるめす』に連載していたときのことであった。はじめはロシア語のアルファベットのЯ（ヤー）というサインを施していた山六郎と混同しがちであった。どちらも山ではじまる姓名をもっていたことによる。山名文夫は大正十二（一九二三）年五月プラトン社に入り、当時最も先端的なモダニズムをきり拓きつつあった女性雑誌『女性』の編集を手伝うことから、イラストレーションの仕事をはじめたようである。まず山名は山の指導のもとに挿絵や漢字のレタリングを学んだらしい。

山名文夫は明治三十（一八九七）年に、陸軍軍人であった父の任地広島で生まれた。父有友は退役時（一九〇二年）陸軍少佐であったが、乃木希典の部下であった。そのせいか、山口県萩で世を去っている。乃木が萩で育っていることを考えると、私淑の度は相当なものであったと言えそうである。山名の作品につきまとう一種の清潔感のよってくるところは、意外とこのようなところにあるのかもしれない（父に従うごとく軍人になった次兄のインパクトの問題も考えられるが、ここでは示唆するにとどめる）。

大正二（一九一三）年、十六歳の山名は竹久夢二に憧れている。同時にビアズリーによるショックも受けている。ビアズリーには、山名と同時代の橘小夢《さゆめ》・水島爾保布《におう》らも強烈な刺激を受けている。大正三年、山名は関西の美人画ポスター展で北野恒富の艶麗な美人像に接している。山名は自分を鈴木春信にはじまる日本美人画家の系譜に位置づけていたかもしれない。とくに春信の笠森お仙のイメージに深く惹かれていたふしがあり、山名の描く大正美人はいずれも、あどけなさと、悪魔性を秘めたお仙のヴァリエーションであったということができるかもしれない。

大正五年、県立和歌山中学校を卒業した山名は、大阪へ出て赤松麟作洋画研究所に入所した。麟作は細川（護煕）・羽田（孜）両内閣時代の赤松良子文相の厳父で、味わいの深い、社会性に立つ風俗画の分野を開拓した作家であった。ここでビアズリーの後期作品を見る機会を得たとい

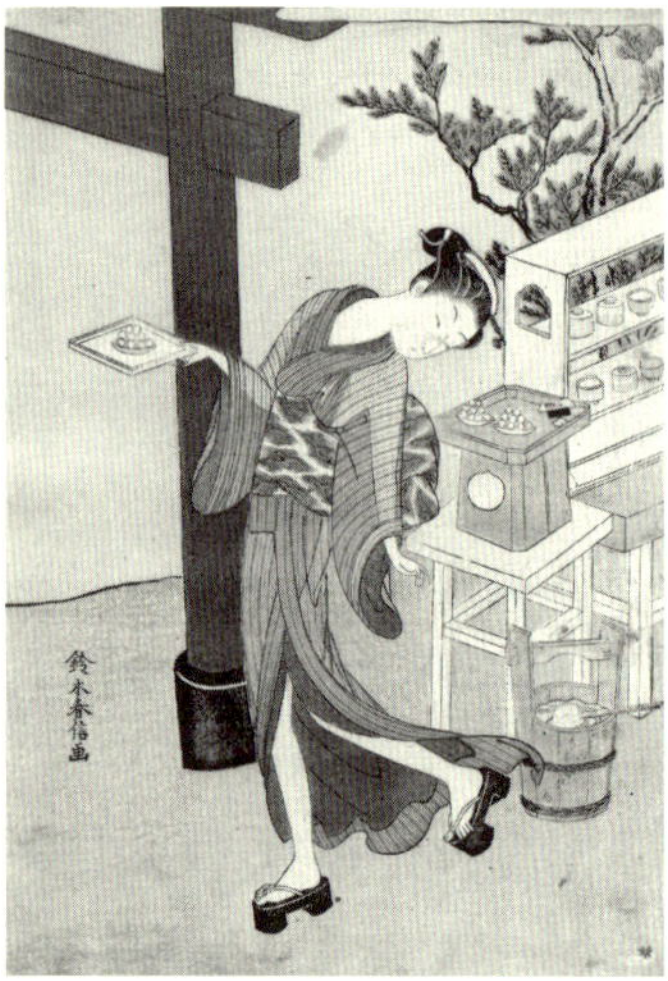

鈴木春信「団子を持つ笠森お仙」

ビアズリー「サロメの化粧」

うが、「サロメ」連作などを見たと言うべきか。ビアズリーは浮世絵の影響を相当受けているというから、山名は、ビアズリー経由で浮世絵の線の魅力を再発見したとも言える。大正アール・デコはそもそも日本発、つまり、アール・ヌーヴォーが浮世絵とするなら、漆器芸術に発したものの日本回帰であると考えられている。

大正六（一九一七）年、雑誌『CHOCOLATE』の同人、ついで編集人になる。大正八年には朝鮮へ、満鉄の子会社に設計技師として赴任していた長兄を訪ね、一年近く滞在した。この時期山名は、兄の家の近くにある西洋人のリゾート地を訪ねスケッチをしていたという。大阪に戻って来たときは、マラリアと脚気に悩まされていた。大正十年には少女雑誌『揺籃』の編集に加わり、童謡・童話も執筆したが、『揺籃』は大正十一年に第十号をもって終刊した。

大阪にあるプラトン社の社主、中山豊三というユニークな経営者が、大正十一年に中山太陽堂のクラブ化粧品宣伝の母体として月刊婦人雑誌『女性』を創刊していた。山名は新聞でプラトン社の図案家募集広告を見、洋画仲間の井上敏行の紹介で山六郎に絵を見てもらい、入社がきまった。前田貢・橘文二の二人が同時に入社した。山名文夫の世界は、装画・詩・童話・童謡の世界から、装飾を主体とする世界に一挙に拡がった。山名は山六郎について次のように書いている。「私が彼を知ったときは、すでにビアズリーのスタイルをマスターしていて、ペンの線の美しさは見事なものであった」、また、「漢字をこれほどヨーロッパ的な感覚で、明朝体、ゴシック体にこだわらず文字の可能性のぎりぎりのところで造形処理に成功したものは、他にあるまいと思う」（山名文夫『体験的デザイン史』ダヴィッド社、昭和五十一年二月、五頁）。

一九二三年―一九二八年

山名の入社の翌年、大正十二（一九二三）年九月に起きた関東大震災は日本の文芸界に大きな異変をもたらす。東京主体の文芸誌が一時壊滅状態になり、谷崎潤一郎をはじめとする数多くの新人作家がこぞって寄稿したため、関西の『女性』は一時文芸界の中心的存在となった。

関東大震災のショックがいまだ収まらない大正十三（一九二四）年一月、プラトン社は読物雑誌『苦楽』を創刊した。当時、神戸の六甲に住んでいた小山内薫が迎えられて企画にあたった。小山内はビアズリー調を日常生活に持ち込んだように、ボヘミアン・タイを大きく結び、ビロードの服を着て堂々とした風采を放って人目を惹いていた。

神戸・大阪は文字どおりモダニズムの中心地になっていた。川口松太郎が東京から移り住み『苦楽』の編集長になる。直木三十五は、『苦楽』の寄稿家から編集サイドに移って出版プロデューサーとなり、矢つぎ早やに文芸書を刊行した。川口に連れてこられた岩田専太郎も、アール・ヌーヴォー調の挿絵で『苦楽』の誌面を飾っていた。

山名は『女性』では扉絵・カット・広告ページなどを主に担当したが、『苦楽』では挿絵も描くようになった。この年『女性』にビアズリーの「ワグネルを聴く人々」が掲載され、山名はいっそう、ビアズリーを身近なものと感ずるようになった。大正十四（一九二五）年、詩の同人誌『東邦』第一号が発行され、山名文夫は発行兼編集人となった。『東邦』の同人に熊田精華がいた。熊田は明治三十一年生まれ、フランス語が堪能で音楽に造詣も深く、ドビュッシーとラヴェルを日本に初めて紹介した詩人である。以前から熊田を敬愛していた山名だが、プラトン社移転に伴い上京したときには、熊田と同じ下宿（鳳明館、この本郷の下宿には重光葵《まもる》や高見順などさまざまな前途有為の若者がいた）に住み、親交をあたためた。

プラトン社は大正十五年十二月、東京へ移って、丸の内ビル四階に本社を置いた。従って山名も東京へ転居した。山名は大阪にいた頃『サンデー毎日』に装画を初めて発表し、その後常連作家となっていた。このきっかけは大阪毎日新聞美術記者で自身もイラストレーターであった名越国三郎によってつくられた。東京に移った頃、博文館の『新青年』に挿絵を掲載しはじめた。『新青年』の編集長は横溝正史であった。

雑誌などの挿絵について一言添えれば、『苦楽』の表紙については一点一点吟味して論じなければならないので別の機会にゆずるが、『女性』はジョルジュ・ルパープによるフランスのモード雑誌『ガセット・デュ・ボン・トン』に酷似している。ルパープと『映画・演劇』誌の表紙を描いた山六郎の幸せな影響のもとに佇んでいる感じである。大正十五年から昭和六年

『女性』第 11 巻第 2 号
（昭和 2 年 2 月）表紙

『苦楽』第 6 巻第 2 号
（昭和 2 年 2 月）表紙

頃までの『サンデー毎日』の挿絵やカットは、一方では山六郎を範にもち、他方では初山滋に伝わっていくようなタッチを帯びている。戦後、昭和二十二年から三十三年頃までの『宝石』（岩谷書店）に扉絵、カットや挿絵を掲載している。氷川瓏《ろう》「悪魔の顫音《トリル》」をはじめとして、香山滋、海野十三、江戸川乱歩、橘外男、吉行淳之介らの小説の挿絵について言えば、様式化されたものが大半を占めるが、なかには陰影が施されているものが見られる。影は線か点描によって添えられている。これが戦前にはほとんどなかった三次元化による影の描写と言えるかもしれない。なかでも、山田風太郎の「厨子家の悪童」（『旬刊ニュース』第五十号、一九四九年一月）のための挿絵は、戦後の松野一夫の挿絵のように、日常生活に近づけたリアルな挿絵になっている。

通称、丸ビルは近年取り壊しにあってその歴史の幕を下ろしたが、大正十二年に竣工され、当時の東京最大のビルであった。山名は書く。「丸ビルの2階には、丸菱というデパートがあって、仕事のあいまに、にぎやかな売場を見て歩くのが楽しみであった。地階に、ほどよい明るさの落ち着いたバーがあって、昼間ひとりでしょんぼり酒を飲む味を覚えた」（山名前掲書、一九頁）と。

山名は帝劇について次のように回想している。「そのころの〈帝劇〉は、いわばハイ・ブロウの社交場といった場所で、天井桟敷の聴衆のひとりである私などは、じゅうたんを敷きつめたロビーへ降りていくのが気が引けるくらいであった」（同書、二八頁）。

この帝劇は、山名たちの前の世代、つまり日本のデザイナーの第一世代にあたる杉浦非水らの「今日は帝劇、明日は三越」というアール・デコ調の広告デザインによって時代を風靡したものである。山名にはイメージのなかでもとくに強く焼きついたものであった。

こうした都市のモダニズムは、山名を刺激し彼のアーバニズムの感覚を育て、彼もまた都市的イメージによって都市を快く挑発した。山名の絵から、下町や貧民窟のどん底が見えてこないといっても、それぞれの役割というものがあろう。山名は自分の置かれた環境から最良の質のイメージを取り出して、それを磨き上げることでお返しした。ちょうど、中川紀元の影響下にあった田河水泡が「のらくろ」を生み出すことで落語とダダイスムを与えた環境と時代にお返ししたように。

昭和三（一九二八）年には、プラトン社の経営がうまくいかなくなっていた。山名によると、プラトン社が丸ビルから今の日比谷公会堂（当時、市政会館）の向いあたりに移ってから、いよいよ悪くなったという。何といっても大正時代の日比谷公園あたりは、東京のなかでモダニズムという観点では輝ける空間であり、とうに閉館はしていたが日比谷美術館をはじめとして当時の現代芸術の中心をなしていたから、そこに本社を構えたのは、ある意気込みがあったからだと思われる。そこから離れるということは脱落を意味したと言えよう。

そして、プラトン社は解散した。山名は以前『苦楽』の編集長をしていた川口松太郎に会った。川口は山名が岩田専太郎のごとく成功を収めることができると独立をすすめたが、山名に自信はなく、彼は大阪に舞い戻った。

一九二九年―一九三〇年

しかし、山名は資生堂社長福原信三の説得に応じて、昭和四（一九二九）年東京に戻り資生堂に入社する。静岡県掛川の資生堂企業資料館に行くと、この時代の山名の仕事の華麗な軌跡が見られる。この頃から山名は、アール・デコ調に満ち満ちた曲線美を追求し、オリジナリティに富んだパッケージ・デザインを追求し、自分自身のものとして発表していく。

矢内みどり氏（目黒区美術館主任学芸員・当時）は山名に対する『ガゼット・デュ・ボン・トン』との影響をくわしく検証した。矢内氏は山名のグラフィック世界での拡がりを次のごとく説く。アート・ディレクター、イラストレーター、グラフィック・デザイナー、レタリング作者、挿絵画家、装幀家、油彩画家、詩人、児童文学者といったごとくである。矢内氏はまた、山名を近代日本のデザイン運動の指導者として位置づける（「永遠の女性像・よそおいの美学」『山名文夫展』目黒区美術館、平成十年、六頁）。

そもそも日本のデザインは江戸時代から確実にその姿を認めることができるのに、近代技法の前に姿を現わすのをためらい、美術史の通史に受け入れられなかった。明治の美術教育のなかに初めて組み込まれるのは、おそらく岡倉天心を東京美術学校（現・東京芸術大学）初代校長の席から陰謀によって追い出し、悪名高き福地復一《ふくいち》が図案科教授に採用されたときからであろう。

しかしながら、黒田清輝の明治十年代後半以降のパリ留学（はじめ法律を学ぶために渡仏、のちに山本芳翠や林忠正の説得によって油彩に転じる）の帰国の際、パリの洋雑誌を大量に持ち込み、杉浦非水がそれらを吸収して、図案からデザインへの移行が起こった。杉浦非水の拓いた道を歩み続けたのが、アール・デコの影響の上からいえば、高畠華宵《たかばたけかしょう》、蕗谷虹児《ふきやこうじ》、松野一夫、山名文夫の世代になる。

もちろん、杉浦たちは雑誌の装画と平行してデザインにかかわっていたのであり、パリのモード雑誌『ガゼット・デュ・ボン・トン』のジョルジュ・ルパープやJ・ゴゼ、或いはジョルジュ・バルビエ（同じく『ガゼット・デュ・ボン・トン』の挿絵家）の洗練された線描に学びながら、他に資生堂に入社したときの先駆者前田貢が確立していた唐草模様のスタイルを十分に摂取した上でのことであった（ジョルジュ・バルビエの影響は意外に少ない。その結果、ディアギレフ舞踊団のコメディア・デラルテの多彩な道化のイメージは思ったほど、移されていない。この点はデザインでも油彩でも同じである）。

ところが皮肉なことにアール・デコこそは、今世紀はじめにパリに進出していた菅原精造などの漆芸家がパリにもたらし、ジャン・デュナンなどの学習の成果であったと岡部昌幸氏は論

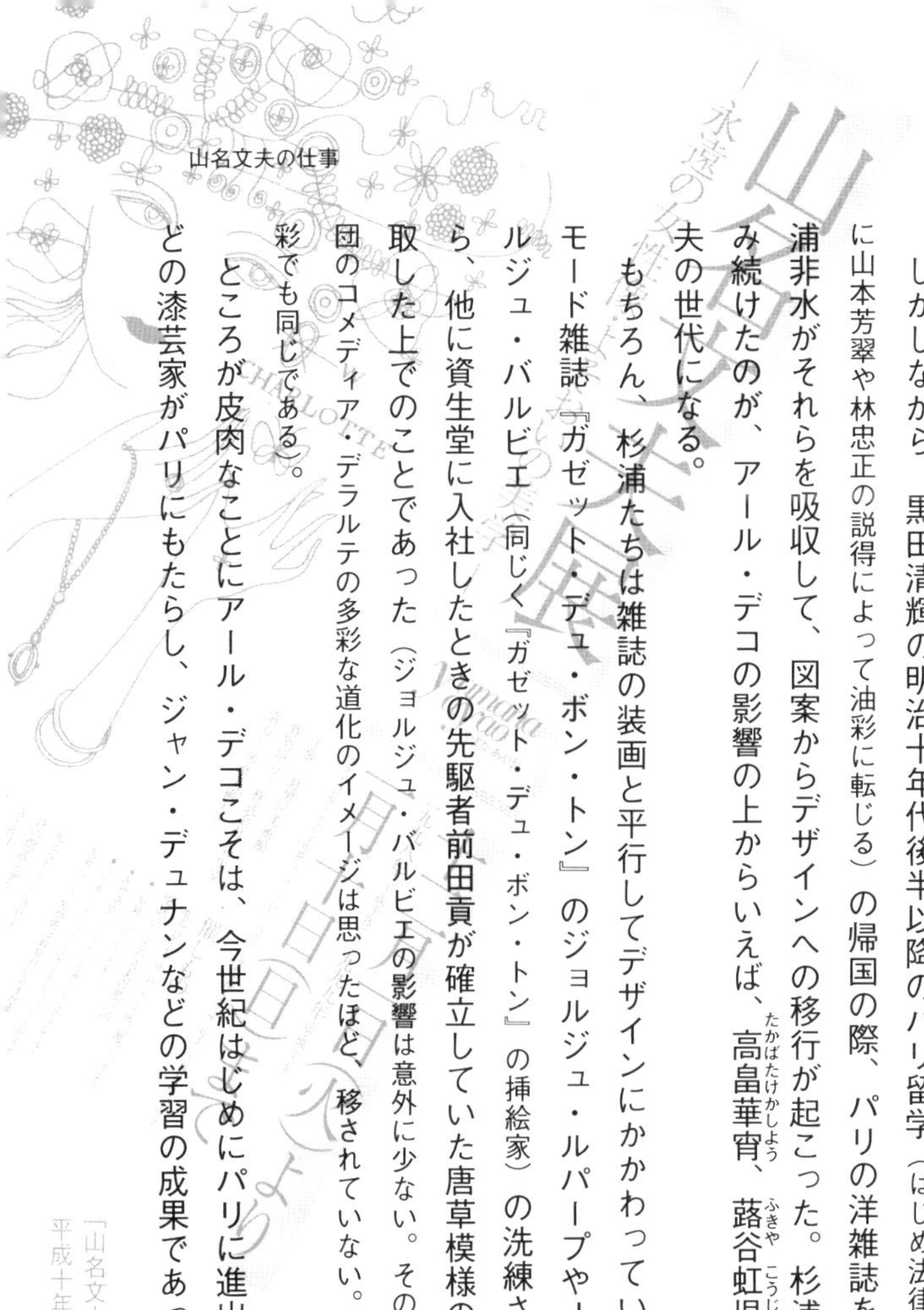

「山名文夫展」目黒区美術館
平成十年、ちらし

考「ジャポニスムからアール・デコへ——響き合う20世紀の優雅なる生活美学」（『アール・デコと東洋——1920—30年代・パリを夢みた時代展』東京都庭園美術館、平成十二年）のなかで強調している。事実、漆芸をはじめとする工芸家たちの仕事がアール・デコの成立に決定的な影響を与えたのは、一九二五年のパリ万博（アール・デコ博）に多数の工芸家たちが入選したのを見てもわかる。津田信夫《しのぶ》（金工家）は国際審査員であり、山崎覚太郎（漆工芸家）は金賞、豊田勝秋（金工家）と広川松五郎（染織家）は銀賞、内藤春治（金工家）は銅賞を受賞している。番浦省吾（漆工芸家）は三七年のパリ万博で名誉賞を受賞といった風に華やかなものであり、維新以後、時代に取り残されていたかのごとく見られていた京都、富山、能登半島の工芸家は世界の潮流にのった。もっともこれら工芸家たちの源流に尾形光琳の作風がちらつくから、アール・デコの光源が光琳に行きつくことが考えられなくもない。

一九三一年——戦後の活動まで

昭和六（一九三一）年、山名は奥山儀八郎らと東京広告美術協会を結成する。奥山は明治四十年山形生まれの版画家である。私と近くにいる数人の文化史にかかわっている者たちが奥山儀八郎に関心を抱くのは、奥山がある時『明治事物起原』（現在、ちくま学芸文庫、全八巻、平成九年五月〜十二月収録）のアンシクロペディストの石井研堂と会い、昭和十八年に石井が死去するまで唯一の弟子として親しくつきあい、知的に信頼されていたという事実である。奥山は山名の同時代の版画家、デザイナーというだけでなく、近代日本の珈琲文化史の研究者でもあった。奥山は昭和三年にニッケ（日本毛織）広告部にデザイナーとして入社し、包装紙やポスターなどの商業美術を制作していた。この奥山と山名の出会いにはかぎりない興味を抱かせられる。

山名の『体験的デザイン史』のなかに奥山の名前が出てくるのは、会名を東京広告作家協会と修正し、昭和八（一九三三）年に出した機関誌『広告』の第一号の会員リストのなかである。この『広告』第一号の消息欄には、「奥山儀八、山名文夫両君は、協会事務所に亜土画室を設置、フリーランサーとして、広告立案製作に活動している」と書き、山名は「昭和7年、無謀にも資生堂を飛び出して、ひとりで仕事をはじ（め）ていた」と述べている（山名前掲書、六五頁）。機関誌『広告』は、昭和九年六月に出した創刊号で終わり、山名らは再度、東京広告美術家倶楽部と改めて出直したと述懐している。このころ表面化したクラブ（＝倶楽部）というコミュニケーションの形態に山名はこだわり、それは山名の仕事のスタイルを考える上で興味あるのだが、それは他の場所で考えることである。

山名が資生堂を辞めた昭和七年八月当時、奥山もニッケを離れてフリーになっており、京橋に事務所をもっていた。そこに山名は合流させてもらったというわけである。奥山は、山共のウインド装飾を請負っていた堀切勝蔵という人物の仕事場の片隅を借りていたのである。翌八年には槇町といっていた鍛冶橋に近い通りの梅田ビルという建物に移って、やっと事務所らしくなったが、それも奥山にまとまった仕事が入ってきたのに、山名は便乗したにすぎなかった。奥山が都合でここを引き払ってからは山名が単独で事務所を支えたが、昭和九年に明け渡してしまった。奥山が相棒のいないニッケの仕事を再開したと山名はつけ加える。山名は奥山の仕事について次のように書く。

以前の彼（奥山）の版画はドイツ風の剛直なタッチで、さまざまな版材に大胆に彫りこんだモノクロームの迫力に富んだものが多かったが、昭和11年から13年ごろになると作風が一変し、浮世絵風に細い線でくくって、これが儀八の色かと思うほどの柔らかい彩色をほどこし、一見なよやかに見えながら、ねばっこい妖気な味を見せて、やはり儀八ならではの特異な版画をつくりあげた。〔同書、七〇頁〕

この山名の観察は正確である。というのは、作風が一変したその時期、昭和十一年九月十一日こそ、日比谷の法曹会館で行われた明治文化研究会の第百十七回例会で、山下恒夫氏が「明治の庶民派エンサイクロペディスト」と呼ぶ石井研堂に奥山が話しかけた日であった。この後、大学に無関係に生涯を過ごした大学者の石井の、先述のごとく唯一の弟子になったのであった。石井研堂は浮世絵の木版の摺りに関して一冊の書物を遺しているくらいであるから、奥山がこの影響を受けないわけはなかった。山名の鋭い観察が「奥山儀八郎日記」（未刊）によって証明されるのである（山下恒夫『石井研堂――庶民派エンサイクロペディストの小伝』リブロポート、昭和六十一年十一月）。

山名についての論考に、何故に奥山についてこの紙数を割かなければならないのか不審に思う向きもあるかもしれないが、山名研究が細分化されるきらいのある今日、山名を近代日本の芸術文化史の中に位置づけるために、山名と奥山に見られるような横断的なコミュニケーションのきっかけを証言しておく必要性を強調したいためにすぎない。とくにこのあたりのことは、山名に鈴木春信への傾倒が始まる事実を裏づけるように思われることに注意を願いたい。

昭和八（一九三三）年、奥山は木村コーヒー店（現・キーコーヒー株式会社）の広告制作をはじめ、同時に日本珈琲文化史の研究・編集を依頼される。昭和十七年、日本木版頒布会を組織して新作版画を頒布、その後伝統的木版画制作を本格的に開始し、昭和二十九年に松戸市に工房を開き、東京や東北に取材した創作版画の世界を展開した。その一方で生涯に亘って珈琲史研究を続けた。従って昭和十一年に石井研堂と出会ったことによって珈琲史の展望をより広く拓き、併せて浮世絵の線を学んだ意義は少なからぬものがあり、山名へもフィードバックをもたらしたことになる。

山名が昭和八年、名取洋之助の日本工房に入ってから従事した『NIPPON』については充分

『NIPPON』創刊号
（昭和 9 年 10 月）表紙

に論じられており、自著『「挫折」の昭和史』でも論じたところである。ただ筆者は木村伊兵衛、原弘《ひろむ》、伊奈信男、岡田桑三らの名を挙げたが、山名文夫については触れそこねた。

山名は太田英茂の配慮によって河野鷹思とともに日本工房に入った。雑誌『NIPPON』について、山名は詳しく紹介している。しかし山名はあくまで広告と挿絵の仕事しか知らず、戦後のグラフィズムに向かって行く、すぐれた他のスタッフや名取の影の存在のようなものではなかったかと思われる。

昭和十一年に山名は資生堂に戻り、昭和十八年まで広告ポスター制作に携わった。昭和二十六年日本宣伝美術会委員長に就いた。この日宣美は昭和四十五年に解散した。山名はその余生を多摩美術大学学生の育成に全力を投入した。

探墓多磨霊園——武蔵野の緑に囲まれて眠る人々

　何かの縁で多磨墓地近くに移り住むようになったのが——三十数年前のことである。二十八年前から東京外国語大学に勤務して、今年（平成六年）の春定年にて退官して少年老い易く学成り難しの言葉の意味を嚙みしめている今日この頃である。この間、研究室は巣鴨の染井墓地を見下ろす建物の六階にあったから、毎朝多磨墓地を発って染井墓地へ赴き、夕方には再び多磨墓地に戻って来るという生活を繰り返していた。

　巣鴨には明治の人類学の先達の一人であった坪井正五郎の墓があり、その前を通って通勤したことがあった。こちら多磨墓地に小金井良精《よしきよ》の墓があると良いのだが話はそう上手には行かない。〔坪井正五郎の墓は巣鴨の染井霊園にある。小金井良精の墓があるのは泉岳寺。〕

この墓地は大正十二（一九二三）年に開かれた。作家で墓地の北、武蔵台（府中）に住む井出孫六氏によると、市内が手狭になって、刑務所、墓地など拡張の見込みがなくなったので、住民の抵抗の少ない三多摩に、競馬場をまぎれ込ませて開設したのがこれらの施設であった。そのため三多摩には、象徴論的には都市の闇を匂わせる犯罪者（刑務所）、死（墓地）、競馬場（賭博）といった施設が置かれることになった。府中にはくらやみ祭りで有名な大国魂《おおくにたま》神社があるから、光の都市に対して闇の都市を構成するに充分な条件が備わったわけである。

こうしたいきさつにお構いなく、私はこのあたりに住みついてから大半の歳月を子供のお守り場所、ジョギングの場、花見の宴席として使ってきたのは何とも申し訳ない次第である。しかしながら、三年前の二月の深夜の大雪で電車、タクシーが立往生したとき、墓地の中を貫通する道を歩いて帰って墓地の深夜の雪景色に見ほれて三十分程かけて通り抜けたことがある。こういう経験までしている人の数は少ないだろうと思われる。

墓地の南西部の一帯は浅間山《せんげんざん》と呼ばれる丘に地続きになっている。これは平坦な武蔵野に隆起している八十メートル程度の丘である。武蔵の面影を残す数少ない地域のひとつと言われている。今は成人してしまった子供たちが小学校に入る前は、よく、自転車に乗せて鍬形や甲虫《かぶとむし》を捕りに行ったものだが、よく捕れたのが想い出される。この一帯は野川の南にあたり、古くから開けた土地であった。浅間山の南にあたるところは、石器時代の石斧、石鏃が数多く発掘されている。足利尊氏と新田義興の間の「人見・金井原の合戦」の舞台でもあった。

ところで墓といえば、明治・大正の画家で相当の勉強家であった結城素明に画家の墓誌の本があるなと考えたり、明治三十年代のなかば頃に「東都掃墓会」というグループがあり『見ぬ世の友』という会員誌を出していたことなどが何となく気になっていた。その二十号（明治三十五年七月）に東都掃墓会幹事及び賛助員の名簿が載っていることを思い出した。それでこの雑誌を取り出して名簿を見たところ面白い。まず人類学者坪井正五郎の名が見える。幸田露伴、饗庭《あえば》篁村、宮崎三昧など根岸党が名を連ねている。根岸武香《たけか》は名前からいって根岸派と思われるかも知れないが、関係はない。

根岸武香は武蔵国大里郡冑山《かぶとやま》に生まれた。父・友山の作った三余堂で寺門静軒（『江戸繁昌記』の著者）に教えを受けた。根岸武香の生家の近くには冑山古墳があり、少年の頃から発掘品に親しんでいた。明治十九（一八八六）年に東京人類学会会員となり、のちに評議委員となった。また集古会ができたとき、会長に推挙された。私財を投じ多摩の地誌『新編武蔵国風土記稿』を印刷し、考古学センターのような考古倶楽部を設立する夢を持っていた。坪井正五郎とは特に親しかった。

この会には、この他に杉浦重剛のような国士、木村鷹太郎の如きギリシャ研究にもとづく東西文明を比較した明治・大正を通してのユニークな論客、作家斎藤緑雨が名を連ね、演劇批評の水谷幻花も幹事をつとめていた。

会誌は、例えば二十号に掲載されている「間宮林蔵之墓」におけるごとく武田酔霞による墓の図と記述があり、次のページに武田信賢による、小伝が付されている。武田信賢は『毎日新聞』掲載の平山行蔵による間宮林蔵の伝記と墳墓地および飯田という人物の編集になる伝記を島田三郎（沼南）より借りて記述したと述べている。

その後、宮武外骨による大阪での掃苔録（宮武外骨編『浪華名家墓所記』宮武外骨、明治四十四年三月）が出て以降は、墓地案内以外の形で墓地、墓誌への関心があまり表面化してこなかった。最近、森まゆみさんが谷中の墓地の掃苔録のようなものを出した（森まゆみ編『谷中墓地掃苔録――森の中に眠る人々』全三巻、谷根千工房、平成元年六月～平成四年九月）ので、おや明治以来の関心が蘇ってきたなと思っていたら、お鉢が回ってきた。

そこで藤浪和子著『東京掃苔録』（東京名墓顕彰会、昭和十五年五月）にこの墓地に眠る人々の名を探ってみると次のような名前が出てきた。

巌谷《いわや》小波《さざなみ》、内田魯庵、内村鑑三、植村正久、小山内薫、斎藤秀三郎、白石実三、高島北海、田山花袋、千葉亀雄、坪谷善四郎、東郷平八郎、留岡幸助、新渡戸稲造、原六郎、平福百穂《ひゃくすい》、福田徳三、福沢桃介、藤山雷太、本多庸一《よういつ》、松岡映丘、満谷国四郎、安田善三郎、与謝野寛、吉野作造……。

これらの人々のなかで、三人を選べということで選んだのが次の三人である。

巌谷小波、この墓に小波の父一六が合祀されていないから、小波にはじまる家族祀である。正面の小波に対して横に小波の子息の名を記した墓がある。右からガブリエル巌谷栄二とある。小波三世の後裔・泉敬史《たかし》によると栄二のキリスト教名は死に際の洗礼であるということである。

吉野作造は、巌谷小波同様、昨年（平成五年）『へるめす』の〝敗者の精神史〟のシリーズで花園歌子とともに論じさせて貰った（「大正日本の「嘆きの天使」――吉野作造と花園歌子」）。一週間前、三谷太一郎東京大学教授（吉野作造研究の専門家）とお会いしたとき、吉野の明治から昭和

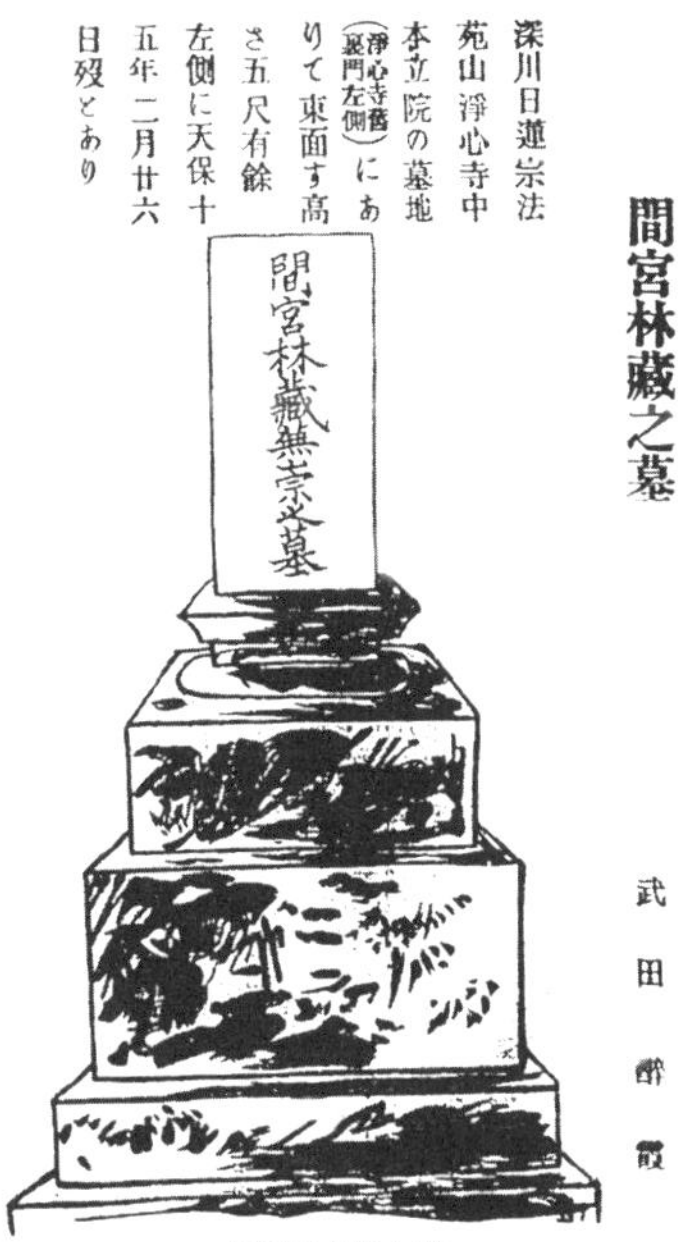
間宮林蔵之墓
深川日蓮宗法苑山浄心寺中本立院の墓地（浄心寺舊裏門左側）にありて東面す高さ五尺有餘左側に天保十五年二月廿六日歿とあり
武田酔霞

間宮林蔵之墓
（『見ぬ世の友』第二十号より）

に至る日記のあることを報らされたので、この日記が少しでも早く公刊されますようにと依頼とも祈願ともつかぬことをつぶやいていた〔その後、日記は『吉野作造選集』（岩波書店、平成七年五月〜同九年三月）の第十三〜十五巻に収録された。〕。吉野作造の墓は家族の墓という感じで特に作造についての記述があるわけではない。

一般に掃苔録の興味は、墓碑銘のなかに、普通現われない歴史的事実が現われることである。明治の終わりに金沢で、宮崎友禅斎の墓石らしいものが見つかって大騒ぎになったことがある。友禅斎が金沢出身であるかどうかという論争の極め手になると思われたからである。

しかしながら、大正の末に開設された多磨墓地のような新しい墓で、他に見られないような記述のある墓石に出会う可能性は少ないと見なければならない。

それに墓銘一般の問題であるが、本人の遺言による指示によるもののほか、本人のデザインによるものが建つということはありえない。小波と作造の墓石は筆者の思い入れの激しさに反比例して形は簡素なものであったが、これは遺族の趣味であって本人の問題ではないようである。

内田魯庵の墓に詣でたのは、他の二人が過去に執筆の対象とさせていただいた方であるのに対し、魯庵はこれから対象とさせていただく予定の中に入っているからである〔山口さんは平成七（一九九五）年一月から雑誌『群像』に「内田魯庵の不思議――〈失われた日本〉発掘」の連載を開始した。〕。事情はよく知らないが、大きな自然石を二つに割った断面の上に「魯庵の墓」と書いた墓石の印象は強烈なものである。もちろん「内田家」という表現はどこにも出て来ない。この印象の強烈さは、北鎌倉のお寺にダニエル・シュミット（スイスの映画監督）とともに訪れた小津安二郎の墓があるくらいである。それは四角い石に「無」とだけあるものであったが、シュミットは小津の映像の世界の結論としてこれ程適切な表現はないと感動の言葉を述べていた。

内田魯庵は、明治から昭和初期に至るまでの洋書を中心とした書物文明の中心的存在であった。西欧の典籍ばかりでなく、和漢の古典にも通じていた。こういう存在は、文学批評家のなかでは魯庵をおいては近代日本で現われていない。小林秀雄は、ある種のフランスを中心とした一国文学に通じ、（多少ロシア文学に触れることはあったにしても）文学を論じるスタイルを作ってしまった。魯庵の洋書についての博識ぶりを継承した人としては林達夫の名を挙げることが

巌谷小波
（1870-1933）

内田魯庵
（1868-1929）

できる。しかし林は後半生において戦略的沈黙に入ってしまったので、魯庵が最後まで示したような同時代の風俗に対する関心を持続的に持ちこたえることはなかった。従って、魯庵を境として、日本近代の批評には大きな断絶が持ち込まれることになった。

魯庵は巌《いわお》という芸術家の息子を（巌によれば心ならずも）遺した。巌は魯庵についての、情報量の多い回想をいくつか遺している。しかしながら画家としては時代を映し出すすぐれた作品群は遺さなかったように思われる。その分、巌の墓が小さめで、大魯庵の墓石の傍らにつつましやかに建っているのがゆかしいというかいじらしいというか、いうべき言葉を知らない。

魯庵は、二人の愛児・長女の百合子と次男の健を失っている。この二人について魯庵はそれぞれ悲痛な文章を書いている。墓石の裏側に記された二人の愛児の名は簡単なものであるが、逝ける魯庵にとっては最も大きな悲しみの源となるものであった。

前日、夕立ちが降ったせいか、墓地での日照の充分な部分は乾燥していてそのようなことがなかったが、魯庵の墓のまわりでは蚊の大群に襲われた。この一日の散歩で場所によってこれほど蚊の発生条件の違いのあることを知ったのは、やや皮肉なことであった。魯庵はこれから対象とする相手であるが、蚊の大群に襲われて逃げ出したことを知ったなら、それ見ろ、お前の近づける相手ではないと喜ぶ向きがないでもないように思われるからである。

第二部 西洋と日本のアートとスポーツ

蝶々と人魚——大正のシンボル

二つの世界を結びつける蝶々の飛翔

ただいまご紹介をいただいた山口でございます。

蝶々の問題から始めさせていただきましょう。このテーマは、大正時代に大正ロマン館の神話的な守り神である高畠華宵《たかばたけかしょう》画伯が好んで取り上げたテーマであります。

蝶々の問題を一言で言い表すと、これに尽きると思うんですが、安西冬衛という詩人が戦前におりました。モダニズムの詩人ですが、この詩人の詩に短い詩で「てふてふが一匹韃靼《だったん》海峡を渡つて行つた」という詩があります。これは非常に面白い。いかにもモダニズムの詩人が日本的な素材を、言葉を使って詩にしたという印象も得られるけれども、蝶々の普遍性を考えると、ただ日本的とばかりは言っていられない。この蝶々について、まず西洋の概観をやって、それから日本の江戸時代、近代というふうに話が進んでいくわけです。

いま申し上げたように、「てふてふが一匹韃靼海峡を渡つて行つた」という、この韃靼海峡というのは、シベリアと樺太の間の海峡のことを指します。ですから、普通の人なら寒いという感じを持つでしょう。シベリアで蝶々が採集されたという話はあまり聞かない。蝶々といえば、大量に採集されるのは、暖かい国、南米とかニューギニアとか、そういうところでありますす。韃靼海峡というと寒い。ところが、それと同時に今度は蝶々の暖かいというものを結びつけている。二重写しに結びつけている。それから韃靼海峡というと、要するに二つの違った世界を往還している。そういう意味で二つの異なった全く正反対のイメージを結びつけるということと、蝶々が韃靼海峡を渡って飛んでいくということの意味のなかには、二つの世界を繋ぐ存在であるということも意味していると思います。ということは生者の世界と死者の世界、そういうようなもの、二つの世界、相反するものを結びつけるというイメージが、蝶々のなかにある。これが蝶々を取り上げる根本的な理由になると思うんです。

美術史のなかには、時々そういうイメージがあるわけですね。例えば、ヴェネツィアです。ヴェネツィアに「嘆きの橋（Ponte dei Sospiri）」という、網のごとく広がっている運河の一つの橋が、二つの建物を繋いでいる。その橋というのは、実を言うと普通の監獄から反対の監獄へ橋を通って渡って行ったら、絶対こっちの建物には戻ってこられない。処刑の前の囚人が通る橋を「嘆きの橋」と言われているわけです。その「嘆きの橋」と言っていいかどうかは分かりませんが、兎に角、ヴェネツィアの運河を思わせる橋の上にアルレッキーノが立っている、画家のパウル・クレーの「橋の上のアルレッキーノ」というエッチングがあるんですね。橋の上に立っている。こういう「橋の上のアルレッキーノ」というのは、二つの世界を繋いでいるというイメージがあります。

このアルレッキーノは、「道化の民俗学」とか「トリックスター」とか、そういうことを論ずるときに基調になるイメージであるわけです。蝶々そのものも、そういうふうな要素を持っているということをここで確認しておきたい。

私が学生の頃に読んだ本で、非常に分厚いフランス語の本、パイヨーという出版社から出ている本でエルヴィン・ローデという学者の書いた『プシュケー』というタイトルの本があります。それはギリシャにおける魂についての観念的研究書であって、その『プシュケー』というのは、アモールとプシュケーという、ギリシャ・ローマにおいて神話では重要な人物ですね。それから例えば魂ということですから、心理学のことをサイコロジーと言いますよね。それはギリシャ語で言うと「プシコロギア」、英語で言うと「サイコロジー」であるけれども、心理学ということではそうですが、「プシュケー」でしたらギリシャ語のなかでは魂なんです。ローデが『プシュケー』の本を書いたときには、魂と共に、そのなかにやはり蝶々という意味も表す言葉であるということを言っている。だから、プシュケーは神話の登場人物のプシュケーであると同時に魂という意味がある。その神話の登場人物のプシュケーは、死者の魂をこの世界に連れ戻してくるという、そういうふうな役割も神話のなかで帯びている。それがギリシャでも潜在的に蝶々という言葉としても使われたということになると、安西冬衛の、先ほど申し上げた詩が、あの方は非常に博学の人であったから、そういうことを知っていて、こういう詩を作ったんだということが分かってきて、これは蝶々についての全般の、私が何を言おうかということを非常に明瞭に表している。だからその背景を知っておいてもらったほうが、よく理解できるのではないかと思って触れているわけです。

この蝶々ですが、日本文化では他の文化とは違うということを強調するために、ヨーロッパでは兎に角、蝶々を含む虫というものはあまり好かれないとされる。例えば風流な日本人は、秋の虫などでも、鳴き声を幾つも聞き分けられると。私などはコオロギもバッタもキリギリスも同じに聞こえると思うんですけれどもね。ところがヨーロッパ人は、全く虫は不吉なものだというふうに考えているから、ヨーロッパ人にはこういう区別はできないという。ヨーロッパ人は、パリのアリアンス・フランセーズで国際会議をやったときに聞いたら、「日本人はそう言うけれども、そんなことを言ったら、日本人は香水の匂いをいくつ嗅ぎ分けられるか。フランス人は何十種類も嗅ぎ分ける」と言って威張っていたけれども、どっちもどっちだなという感じがします。

日本人はだいたい昆虫に関して、自分たちは細かいけれど、ヨーロッパ人は細かくないと言いますが、これは時代時代によってアクセントが違います。例えばカフカの『変身』という小説がありますが、冒頭からある日害虫に変わっていた、自分が変身していたというところから物語が始まっています。そういう意味では、そう言えないこともないけれども、それを拡大解釈することもできない。

ですから見てみますと、これはちょっと再現することは不可能ですけれども、この『マクシミリアン一世の祈禱書』という、一四九〇年の絵で、絵そのものを再現することは不可能です。部分的に言うと、普通出てこないと思われるようなところに出てきている。ここにギリシャのトロイア戦争の英雄のイメージ、そこで神話に出て来るパリスの審判というのは有名なんですけれども、騎士の姿が描かれている。それに対してマクシミリアン一世という帝王が崇拝の仕種をしているわけです。この下のほうに、この周りに五つぐらい蝶々が描かれているんです。これは蛾みたいな形で描かれている。その上のほうに、周縁のほうに蝶々が出てきている。それが一つの例です。だからギリシャからルネサンスにかけての図柄に蝶々が思いがけないところにいろいろ出てくる。

次に挙げるのは、アルブレヒト・デューラーの、「東方の三博士の礼拝」(①)です。三人の博士が東方からキリストの誕生を祝って来たというときでも、関係ないところに、それは別に不吉な意味を込めているわけではなく、この左の下の石のほうに蝶々がいる。こういうふうな何気なく出てくる形のものがあったりします。

そういう例から言いますと、このエジプトへ逃げてくるキリストですね。聖母マリアと逃げてくるキリストの指先に蝶々が捕まえられている。深い意味を込められずに描かれている。これは日本の大正時代の蝶々の描かれ方に、ちょっと対応するようなところがあるかもしれない。こういうものを華宵達が、既に図像で見ていたということが言えるかもしれません。

それから、このフランソワ・ジェラールの「アモールとプシュケー」(②)ですね。ここにも蝶々が描かれている。頭の上ですね。これは頭の上にいるというのが特色だと思うんですけれども。

このプシュケーが蝶々を捉えようとしている大理石に移しかえられたものがあります(アントニオ・カノーヴァ「アモールとプシュケー」)。これは珍しい。手の先に蝶々が止まっている。だからこういうところに西洋美術ではうまく使っているなということです。

それから次には「魔性のヴィーナス」(③)、ロセッティですね。ラファエル前派の十九世紀、イギリスの画家ですけれども、ヴィーナスがリンゴを手にしている。リンゴの上に蝶々が一匹。それから槍というよりも矢ですね。矢の上に蝶々がいる。それから頭の周辺、髪の周辺を蝶々が舞っている。要するに死が近いというイメージですね。これをちょっと気取った言い方をすると、蝶々そのものがヴィーナスの持っている両義的な存在というふうなものを表現している。ただきれいだというだけで終わらないというのがあります。そういうことがヨーロッパ美術史のなかで、だんだん深められていく。

最後にこの絵はルドンです。ルドンの絵のなかでも、蝶々が何気なく若い二人のところに描かれている。ルドンは、死のイメージにつきまとわれていた人ですから、そういう意味では、死と無関係ではない。ですからルドンが蝶々を描くときには、どちらかというと死のイメージのほうが色濃く反映されていたと考えられるのではないでしょうか。

象徴的なイメージと無関係に兎に角、形態的な美しさのなかに蝶々を取り込んでいくというのは、むしろアール・ヌーヴォーの時代に入って、蝶々が持っている基本的に曲線的なイメージに魅せられた工芸家達がいたというわけで、その代表的な一人が日本でもよく知られているルネ・ラリックですね。それからエミール・ガレ。この二人が描くときは、全く蝶々が持っている形態的な要素が、工芸的な要素にぴったりするというわけで、この素材にイメージを取り込んだということで、ここにアール・ヌーヴォーの工芸家達、それからエミール・ガレのなか

①アルブレヒト・デューラー「東方の三博士の礼拝」1504 年

③ダンテ・ゲイブリエル・ロセッティ
「魔性のヴィーナス」1864-68 年

②フランソワ・ジェラール
「アモールとプシュケー」1798 年

にも、机の足のほうに、家具に蝶々が仕掛けられています。

また、こういうブローチのようでありながら、女性の顔、それからヘアスタイルが蝶々そのものに変換されているということです。

それからもう一つ、これはもう少し後の一九二〇年代から三〇年代のポスターで、ミスタンゲットというシャンソン歌手です。ミスタンゲットは、客とのやりとりがすごくうまかった。ヤジを飛ばすと、それをきれいにうまく投げ返したという。そういうことで、ヨーロッパにおける蝶々のイメージというのは、きれいだということと、それからプシュケーですね。要するに心の状態、死に近づいている心の状態を表すのにイメージとして使われている。それからアール・ヌーヴォー的な線形のなかで閉じ込められるというふうな工芸的なイメージであるということができるわけです。

蝶々の持つ不吉なイメージ

日本の場合は、蝶々は「胡蝶の夢」という中国の古い語にも出てくるように、蝶々は中国の古典でも非常にポピュラーなイメージであるわけですけれども、日本では銅鐸の上に蝶々が描かれているということはほとんどない。動物、鹿とかそういうふうなのは描かれますけれども。

だから弥生時代まで、昆虫に関心が持たれたということは、あまり感じられないわけです。奈良時代には、なんと言っても中国大陸からどんどんいろんなイメージが渡来して来ていますから、正倉院御物のなかには、非常に多くの蝶々の模様が見られます。

『源氏物語』でも、蝶々についての研究がありますね。古代末期、平安時代に書かれたいろいろなお経や絵巻、『源氏物語絵巻』などにも蝶々が出てくる。それから衣服、調度品、武具、甲冑と言った日本の最初のデザインですね。工芸の上にほどこされるデザインのなかで蝶々の模様は非常に広く描かれている。それで家の家紋としても、桓武平氏の紋は蝶々であった。それは平貞盛が天慶の乱を討伐した、そのときに朝廷から不動明王の鎧を賜った。その鎧に向かい蝶、蝶々が向かっている、二羽の蝶々の模様があった。それで桓武平氏の家紋が蝶になったというふうなことも伝えられております。蝶々の紋は非常に多く拡がって、大名でも江戸時代

④蝶々の家紋各種

胡　蝶

揚羽蝶

対鎧蝶

になると三百ぐらいの家が蝶々を紋に使っていた(④)。実際に平家の残党の流れを汲んでいるというのは、そのうちで三十ぐらいだから、どれだけ広範囲に拡がっていったかということが、それを見ても分かると思います。

そういうわけで、一般の工芸に広く使われていった蝶々は、誰でもすぐ考えつくように、小袖ですね。着物の小袖の模様として蝶々が使われている。この場合には、蝶々は、普通の装飾的な要素が強いということで、これは謡の本に使われたり、それから漆の皿、漆器などにも用いられています。

そこで先ほど、ヨーロッパのイメージにおける両義的な感覚ということを申しましたけれども、これは後の人魚姫にも通底することですけれども、明らかに蝶々の持つ不吉な面……、蝶々というのは、やはり理解しがたいところがある。蛹《さなぎ》のときは、どちらかというと、あまりきれいなものではない。それが変身する。変身することに対する恐怖の念というのは、潜在的に日本にはやはりあったということからすると、明治の初めの画家、狂ったことならなんでもやるという、河鍋暁斎《きょうさい》ですね。河鍋暁斎には「幽霊図」(⑤)という作品があります。「幽霊図」では、幽霊の頭の上のほうを蝶々が舞っている。幽霊とか巨人とかグロテスクなものを、河鍋暁斎は——本当はこの人はまっとうな日本画の伝統のなかにあったわけですけれども——、それからどんどんはみ出しちゃって、そういうふうな不吉なイメージ、それからグロテスクな

⑥藤島武二「蝶」1904 年頃

⑤河鍋暁斎
「幽霊図」1860 年頃

鏑木清方
⑦「玉菊」1907 年頃（上）
⑧「刺青の女」1913 年頃（左）

ものを描いていった。

そのほかに西洋的な物の感覚で、蝶々と女性というものを配した藤島武二という明治の末の洋画家がいます⑥「蝶」が、不吉なイメージはむしろ日本画のほうに重なっていた。これからお見せする鏑木清方、この人は美人画で有名な画家でしたけれども、清方の作品二つには、お化けらしい女性の姿の「玉菊」⑦、これは歌舞伎の主人公だろうと思うんですけれども。玉菊の着物に蝶々が配されている。

それからもう一つの清方の絵「刺青の女」⑧。女性の持っている潜在的に人をおびやかすような面が、蝶々の刺青で表現されている。そういうことが、この絵では蝶々で――やはり両義的なイメージというのは、かえって日本画は古い古いと言われているけれども、そのなかで――表されていたと言うことができます。

次は明治から大正にかけて、三越呉服店の専属デザイナーみたいな形でやっていた杉浦非水ですね。杉浦非水というのは、昭和二（一九二七）年、上野・浅草間に日本で最初の地下鉄が開通したときのポスター、人々が立って待っているホームに向こうから地下鉄がやってくる絵柄のポスターが有名ですけれども、この杉浦非水のポスター⑨には、この手のものにありがちなエンゼルではなく蝶々の姿をしていて、その近くにも五、六羽の蝶々を配している。これははっきりと、遠くから見ても分かると思いますけれども、こういうデザイン化して、そこに

⑩蕗谷虹児『睡蓮の夢』より、1924 年

⑨杉浦非水、三越呉服店ポスター、1904 年頃

⑫高畠華宵『破れ胡蝶』より、1926 年

⑪三岸好太郎「飛ぶ蝶」1934 年

何かマイナス・イメージを込めているかというと、必ずしもそうではない。これは本当にデザイン化した、日本の近代デザイン、商業デザインの元祖に当たるような人に、それがある。

それから今度は大正時代になると、イギリスで言えばビアズリーですね。線を中心として細かく、それもグロテスクなものも不吉なものも、線のなかに込めてしまうという、そういう画家として、蕗谷《ふきや》虹児《こうじ》がいます。蕗谷虹児はフランスに比較的長く滞在したりした人ですが、蕗谷虹児の作品には、デザイン化された蝶々と女性のイメージがありますね。やはり蝶々の場合は、歌舞伎役者的なものを描く図柄には出てきますけれども、男との関係には、そんなに出てこない。この蕗谷虹児の絵も女性という面に近づけて蝶々が描かれております⑩。

その他に、ここに三岸好太郎という、道化の絵をよく描いた、若死にした画家の描いた蝶々がありますけれども⑪、これについてなにか言うのは、非常に難しい。いわゆる蝶々のステレオタイプ、イメージから逃れようとして、蝶々を描いているということが言えると思うんですが。

この蝶々の部分についての、一応締めくくりとしては、高畠華宵の蝶々を挙げておきます。これは『破れ胡蝶』（福田正夫著、新潮社、大正十五年十月）という長篇叙事詩の本の表紙絵⑫です。暗いイメージをすっかり消して描いているけれども、少女の持っているはかなさみたいなものが出ている。高畠華宵は、大正の少年小説、少女小説の挿絵の最も優雅なもののはしりです。

女性と人魚

蝶々についてのお話は、ここまでで留めさせていただいて、今度は、少女というイメージと女性というイメージとがやはり強く重なるという意味で、人魚の問題があります。人魚のイメージ。これは東洋的なものでも存在していましたけれど、描きとめられたり絵になったりしたのは、西欧のイメージが圧倒的に多いことだけは確かであります。

一番古典的なのは、誰でも知っているように、「サイレン」という言葉の起源になっている「シレーヌ」ですね。「セイレン」とか、英語風に言うと「セイレーン」。これはギリシャ、ローマの時代に、女性に対するイメージ、それから芸術的なものに対するキリスト教の反感を表現するのには、極めて好都合であったというところから、この「サイレン」「シレーヌ」というのが一般化されています。蝶々と比べて、そんなに繊細に描かなくてもよろしいという絵柄が多い。

だいたいセイレーンは翼を持っている。そもそも魚の前には鳥のイメージとして描かれていたということから、下半身もなんとなく鳥みたいに描かれたわけですね。足も鳥風に描かれている。それから今度もう一つのタイプのセイレーンは、歌を歌う。それからもう一つのタイプのセイレーンは、手にハープを持っている姿として描かれる。

ということで、海の上で航海している船に向かってハープとトランペットと美声で歌いかけた。それでそれに耳を傾けてうっとりとしていたら眠くなる。これは一般的なんですけれども、船に向かって三人のセイレーンが誘いをかけているという絵が続きます。この種のイメージが中世には一般的だった。初めは下半身は鳥であったけれども、そのうちに、だんだん魚になって人魚のイメージが固まってきた。女性に対する対としては、ケンタウロスですね。この場合は下半身が馬の姿です。

ここまでは中世のイメージです。それからヨーロッパの民俗にまで入っていったりするという段階があって、十七世紀のルーベンスの絵に——ピーテル・パウル・ルーベンスですね——ルーベンスのメディチ家のマリーがフランスに嫁入りしてくる。そのときのマルセイユに上陸した絵(⑬「マリー・ド・メディシスのマルセイユ上陸」)、これは必ずしもマイナス・イメージではない存在として、人魚が描かれている。

当然、怪物がたくさん登場してくる、ヒエロニムス・ボスですね。ボッシュと言われたり、ボスと言われたりします。よく船の舳先に、人魚のトランペットを吹いている姿が描かれている例があって、それがここにもあるわけです(⑭「快楽の園」部分)。

⑭ヒエロニムス・ボス
「快楽の園」（部分）1502-03 年頃

⑬ピーテル・パウル・ルーベンス「マリー・ド・メディシスのマルセイユ上陸」1622-23 年頃

⑮ギュスターヴ・モロー「詩人とセイレーン」1875-80 年頃

十九世紀になってくると、マイナス・イメージを逆に潜在的にプラスに変えていこうという動きが芸術家のなかに見えてくる。そうすると人魚のような、やはり典型的な、両義的なイメージというのは、詩人のインスピレーションのもとになるということで、ギュスターヴ・モローですね。モローの「詩人とセイレーン」⒂という絵では、詩人のインスピレーションのもととして、足元にセイレーンがいると。であるから、これはいわば、記号論のほうでマイナスをちょっと加えることによって、かえってプラスにするという効果のことをネゲントロピーと言います。エントロピーというのはマイナスのものですね。ヘドロみたいなマイナスのものですけれども、エントロピーを逆にまた、もう一回それを引っ繰り返すと、ネゲントロピーという効果が現われる。そうするとかえってクリエイティブになる。それは日常の味覚でも、砂糖だけの汁粉よりも、そのなかに反対の塩をちょっぴり加えたほうが甘いという感覚が増大するというふうな例と同じように、セイレーン、それから先ほどの蝶々でも、どちらかというと、そういうふうな感覚で使われるということが証明されるのは、この「詩人とセイレーン」というギュスターヴ・モローの絵であるわけです。

その他にニュートラルなものとしては、工芸の世界にイメージが取り込まれると、工芸というのは、やはり表面的な美しさというものを追求するところがありますから、そういう意味では工芸は、先ほど言いましたようなラリックを中心とするもののなかでは、実に美しさの

⑰ジョン・ウィリアム・ウォーターハウス
「セイレーン」1900 年頃

⑯エドワード・バーン゠ジョーンズ「海の深み」1887 年頃

⑱ジェイムズ・ドレイパー
「ユリシーズとセイレーン」
1909 年頃

極致を極めているということができます。ところがそれと同時代的なイギリス——フランスで言えばモローがやったような——、そういう効果ですね。それはラファエル前派の絵あたりに多く現われる。エドワード・バーン＝ジョーンズ（⑯「海の深み」）とか、それからウィリアム・ウォーターハウス（⑰「セイレーン」）、一九〇〇年の初め頃ですね。十九世紀の末から、そういう人たちが描いたセイレーンには妖しい魅力が備わっています。ちょっと魔性の女的《バンプ》なところがある。しかし男心をそそってやまないという、潜在的に反キリスト教的なところもあるのでしょうけれども、そういうふうなイメージとしてだんだん一般的に拡がっていく。イギリスで言うと、ジェイムズ・ドレイパー（⑱「ユリシーズとセイレーン」）とか、ラファエル前派的なものが、セイレーンを芸術的にうまく使うやり方が一般化してきた。

ふた月前ぐらいに、東京駅のステーションギャラリーで、日本ではほとんど知られていなかったハインリッヒ・フォーゲラーというドイツの画家の大々的な展覧会がありました（「忘れられた愛と春の画家 ハインリッヒ・フォーゲラー展」二〇〇〇年十二月二日〜二〇〇一年二月十二日）。この人の絵は、どちらかというとミュンヘンの工芸的な色彩のスタイルを踏襲しているわけですが、フォーゲラーの絵というのは、ほとんど日常生活に近いところを、形式的な美を追求していることが多い。このフォーゲラーの「メルジーネ」（⑲）ですね。メルジーネという水の女。この三幅の絵には、メルジーネが登場しております。

フランスの中世に始まるメルジーネの話というのは、これに関する著作・翻訳だけでもかなりの数が日本語でありますが、このメルジーネというのは水のなかから来た嫁さんの話です。異界である水から出てくる女性が嫁に来て、夫が水浴びしているところを、隙間から見たところ、それは蛇の体に変わっていた。それを知られて水の世界に戻るという話です。これは日本でもイザナギの命、イザナミの命ですね。イザナミの命が死んだのでイザナギの命が追っ掛けて行って、それでイザナミが見てはいけないと言っているのに横たわっているところを見たら、

⑲ハインリッヒ・フォーゲラー
「メルジーネ（水の精）」1812 年
（三幅のうち中央部分）

それは腐敗した死者の姿だったと。それで「見たな」と言って追っ掛けられて地上まで逃げてくるという有名な逃走譚があります。

水の女性というのは、いろんな形でヨーロッパではフランスを中心にそういう形で拡がっております。東ヨーロッパからロシアにかけては、必ずしも人魚というわけではなくて、どちらかというと蛇という形ですね。だからヨーロッパの流れで言うと、下半身が鳥、人魚、魚になって、それから東ヨーロッパになってくると、それは必ずしも下半身の問題ではなくて、水ということですね。水に関係あるものならなんでもいいというふうになってくるわけです。

アントニン・ドヴォルザークが作曲したオペラに『ルサルカ』というオペラがあるんです。水の精の娘ルサルカが人間の王子に恋をする。ルサルカは魔女に頼んで人間にしてもらうが、その引き替えに声を奪われてしまう。王子は一度はルサルカに惹かれるものの、声を持たない彼女に嫌気がさして、他国の王女へと心移りしてしまう。ルサルカが王子の許を去ると、自分が本当は彼女を愛していたことを思い知った王子が、死を覚悟してルサルカと共に湖の底に沈んでゆくという話です。こうした話は、ロシアや東ヨーロッパに非常にたくさん拡がっている。人魚姫もこの系統ですね。こういうふうにヨーロッパにおいては、音楽に至るまでいろいろな形で強い影響を及ぼしている。

日本における人魚

東洋ですと、私は見たことがないんですけれど、インドネシアに木彫の人魚がある。それから正徳二（一七一二）年に寺島良安が編纂した『和漢三才図会』に人魚が描かれている（20）。

他に江戸時代、人魚はどういうふうに描かれたかというと、天明六（一七八六）年に大槻玄沢という洋学の家系の学者が本にした『六物新志《りくぶつしんし》』という書物に人魚が載っています。それにはヨーロッパのものから写しとられたものが描いてある（21）。江戸時代には、特に鳥ということとは結びつかないで、魚で初めから登場している。それから伝説的に言うと、八百比丘尼《やおびくに》ですね。人魚を食べて長生きするという八百比丘尼というふうなものとして伝えられている。人魚というのが、どういうわけかテキ屋、香具師によって見せ物にまでされたということがあります。

それでこの人魚は、アンデルセンが童話のなかに人魚姫を書いたために、その挿絵は数限りなく出てきた。これは比較的知られておりまして、日本でも橋口五葉という、明治から大正にかけての美人画の大家が描いた人魚の絵が、森鷗外訳の『十人十話』（実業之日本社、大正二年五月）という本の函と扉（22）に使われております。

その他に谷崎潤一郎が『人魚の嘆き』という小説を本にしています。大正ロマン的な傾向を一番よく出したと思われるのは、水島爾保布《におう》という画家なんですね。水島爾保布という画家が谷崎のこの『人魚の嘆き』の挿絵を描いた(23)。この水島爾保布も、他の同時代の画家と同じように、ビアズリーの影響のもとに描いている（菅原克也「人魚について」東京大学比較文学・比較文化研究会編『比較文学・文化論集』第八号、平成三年年六月参照）。水島爾保布という名前を、この際ちょっと心に留めていただいたほうがいいかもしれません。大正時代には非常にキャリアの豊富な画家として知られていたんですけれども、現在はほとんど忘れられている。この「人魚の嘆き」に、ビアズリー的な、ちょっと悪魔趣味的なところが描かれている。それから水島爾保布は、いわゆるフォークロア的な世界にもよく通じて、文章も多く書いていた。

その他、鏑木清方にも人魚があります。それから子供の雑誌の『赤い鳥』にちょうど対抗するようにして出された『金の船』という島崎藤村、有島生馬が監修した雑誌がありますが、その表紙に人魚姫が描かれたりしました(24)。

大正時代に、蝶々と共にアール・ヌーヴォーとアール・デコ的なスタイルというものが日本に入ってくるきっかけとして、こういうものが使われた。杉浦非水も、これはどちらかというとリアリスティックに近いような描き方をしていますけれど、非水も雑誌の表紙とか『図案集』に人魚姫を描いている(25)。それからこういう大正時代のロマン主義的な絵を語るときには欠くことのできない竹久夢二も楽譜の表紙、セノオという楽譜出版社の楽譜の表紙に人魚

㉑『六物新志』の「人魚図」1786 年

⑳『和漢三才図会』の「人魚」1712 年

㉓水島爾保布『人魚の嘆き』1919 年

㉒橋口五葉『十人十話』1913 年

姫と言っていいのが一つあります（㉖）。竹久夢二は、歌劇『オベロン』——『オベロン』というのは、『魔弾の射手』の作曲家であるウェーバーのオペラですが——の楽譜の表紙として描いている。楽譜の表紙というのは、本格的な画家が描いていることがまま見られます。

そういうことで、このどちらのイメージの話も、最終的には本日は高畠華宵に向かっていくことになるわけです。少女に対する高畠華宵の崇敬の念というのは、両性具有的な、少女でありながら少年のようであり、少年のようでありながら少女であるということで、華宵の描いている、この図（㉗「ナポリの海」）は水島爾保布や蕗谷虹児などと共通するところはありますけれども、この人魚そのものは神話的に持っている両義的な面、幸せでも不幸でもない、その中間のような痴呆少女みたいな顔ですね。そういうふうなたわけた顔のなかに美しさを見ようとする。こうしたものは、画家の個人的な趣味をよく反映していますし、時代と共に、こういうふうな複眼的な視点で描くイメージというのが魅力を増してきていることがあります。

これは一時期は通俗的だとか、そういうふうな言葉で切り捨てられてきたわけですけれども、そういった神話的背景を知れば、このようなテーマを選ぶという志のなかに、すでに絵の世界でゆるぎない立場を確立していた人物、画家のことが理解される。そうした意味で人魚と蝶々というのは、両義的な絵画という、日本が単純に近代に西洋を取り入れただけでは真似の域を出なかったものを、ユニークなものに切り替えていくきっかけになったというふうに考えられ

㉖竹久夢二「オベロン」1920 年

㉗高畠華宵「ナポリの海」1930 年

㉔高畠華宵『金の船』表紙、1923 年

㉕杉浦非水『非水図案集 第一輯』1915 年
（上・下共）

るわけです。

本日の話は、そういう意味では複眼的な絵画、それが大正の、どちらかというと通俗的だと言われていた挿絵のなかに出てきていたけれども、そうしたものがかえって、西欧の絵画でも、日本的なもののなかにも、そのなかに沈殿しているようなものをすくい上げてくるという役割を果たしていたということは、今になって初めて分かってくる。こういう屈折した話を、比較的注意深く聞いてくださった、この松山の聴衆の皆さんは、この瞬間は日本の周縁から中心に移っているということが言えるわけです。これで私の話は終わらさせていただきます。どうもご清聴ありがとうございました。

文化とスポーツ

草と記録のスポーツ

ただいまご紹介に預かりました山口でございます。

今日与えられたテーマ「文化とスポーツ」について、話の前半は競技空間について、文化とスポーツ空間というお話をさせていただこうかと思います。また比較の観点から、ギリシャ、ローマにおける競技空間とそれにまつわる様々なエティモロジカルな、語源学的な、そういう内容をちょっと考えております。スタジアムならスタジアムという問題を日本においても考えるわけですから、ギリシャにおいて本来どういうふうな形で使われたのだろうかということを申し上げたいんですけれども、今日の限られた時間で言いますと、ちょっとそこから始めますと後半の日本の部分を端折るおそれがありますので、どちらかというとやはり日本の都市空間のなかにおけるスポーツというふうな問題を中心に考えた方がよろしいかと思いまして、お話を日本の方から始めさせていただきたいと思います。もし時間が余った場合にはギリシャというようなことを考えていきたいと思います。

まずはじめに、スポーツ空間というものは、スポーツそのものがそうであるように本来極めて多義的なものでありました。ところが、スポーツを運営する組織とかそういうものが非常にうまく固まってくると、次第にスポーツ空間の態勢及びスポーツの体制というのは失われてくる傾向がある、と感じます。例えば、最近は非常に復興してきまして、貴乃花・りえのブーム〔平成四（一九九二）年十月、当時人気のあった力士の貴花田（現・貴乃花親方）と女優・宮沢りえが婚約を発表。しかし、それからわずか三カ月で破局を迎えて大きな話題となった。〕にみられますように、相撲が若者の人気をほとんど独占しそうになりました。皇太子のご成婚の問題が入ってきますと、そちらのほうは脇の方に押しやられていっている傾向はありますけれども、多くの人がご存じのように二十年前の相撲を見ているとこういうことはほとんど考えられませんでした。更に今度はスポーツそのものの姿を江戸時代に限ってみると、その相撲は神社仏閣の興行でありました。そうすると興行というものは勧進興行と言いまして、お寺の寄進のためにいろいろな娯楽的な催しをやって、その勧進元が集めた金のすべてあるいは幾分かを寺社に寄付致します。後には神社・寺社に所場代を支払えば、興行はなんでもできるという形になりましたが、そういう点では神社仏閣の付近で行うという意味では興行性、遊戯性というものが相撲を含むスポーツの原型にあたるものにはつきまとっていました。同じく身体を使って人目を楽しませるという意味では歌舞伎がございまして、歌舞伎も似たような性格を持っていました。それからヨハン・ホイジンガが『ホモ・ルーデンス』（高橋英夫訳、中公文庫、昭和四十八年八月）で申しましたように、あらゆる制度というものは遊戯のなかに発している、というふうなことを日本に適用して考えますと、まさに相撲などは遊戯というものに発しているということが制度的にも確かめること

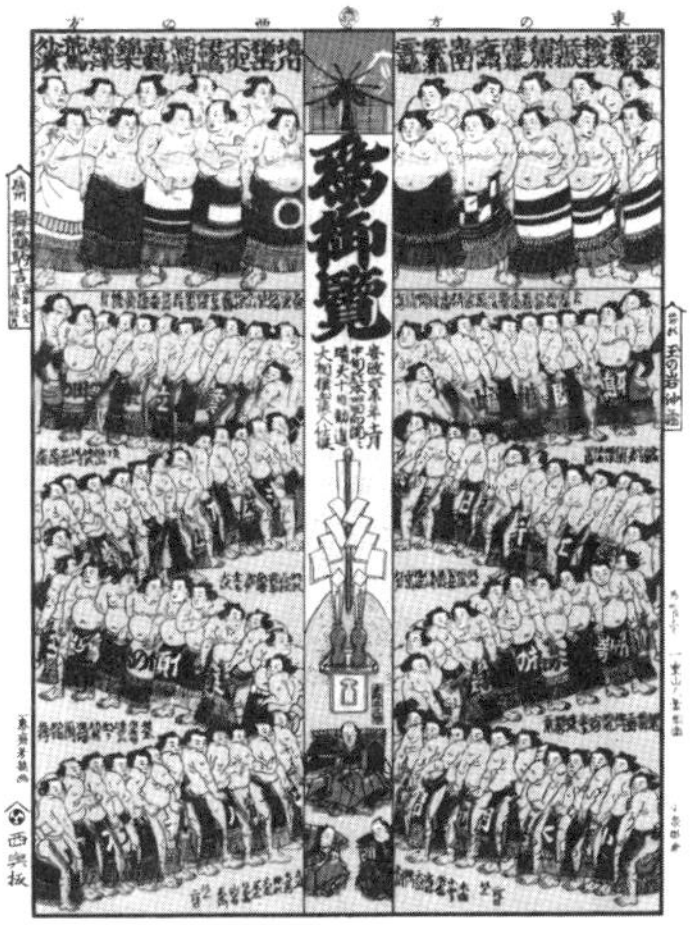

両国回向院勧進相撲番附
安政6（1859）年11月

ピーテル・ブリューゲル「子供の遊戯」1560 年

ができます。

ではヨーロッパではどうかということになりますと、これは最近、特にデンマーク、ベルギー、オランダの研究者が中心になって、十九世紀以前の民族文化のなかのフォークロア的な文化のなかにおけるスポーツの説話形態という研究が非常に盛んであると聞いております。例えば、その一例から言うと、ブリューゲルの「子供の遊戯」という大きなタブローがありますけれども、そのタブローのなかにあらわれてくる子供及び大人も入っておりますけれども、あらゆる遊戯形態のなかからスポーツの説話形態を探りだして、これを研究しようとする共同研究が三つの国の学会で行われ、何回か研究集会が持たれたと聞いております。ですから、スポーツ研究の関心の一部にそのような説話的なアプローチが現われつつあるということは、極めて興味深いと思います。なぜかと言いますと、スポーツは一方では非常に記録性の高い、抽象度の高い余計なものをはぎとったほうに向いていく性格と共に、ローカルな民族文化のなかで人々の身体を使ったコミュニケーションの手段として行われております。後者の場合には、「草相撲」とか「草競馬」とか、日本で言うと「草」をつける傾向がございます。それに対して、記録性の高い「記録スポーツ」というものに分かれていくということになると思うんですけれども、一般に記録性の高いスポーツにはだいたい高額のお金が動きますから、どうしても人々の関心は賞金とかそういうことを中心に、興奮も賭博的な要素が出てきます。そしてメディアがそれを煽り立てるということになりますと、そういった抽象的なスポーツというものがチャンピオン・スポーツという名前で突出してしまって、草の方はだんだん忘れられていく傾向があると思います。

　ところが最近は日本でも地域起こしとかそういう面の一環として、地域文化のなかに遊戯的要素をもっと盛り込もうという願いが出てきておりまして、スポーツというものをより包括的なイベントの一部として考える傾向も強くなってきております。ですから今の時代にはその二つの要素がごちゃまぜになっているわけです。草的な町起こし、村起こし的なレベルでのスポーツも関心は非常に高いけれども、それと記録スポーツとの関連をどう考えたらよいかよく分からないということがあろうかと思います。例えば広島で行われました国際デザインフェアで、スポーツ振興のシンポジウムを行うとすると、関心はどうしても広島からより多くのオリンピック選手を出そう、というふうなところに行ってしまいます。それを一生懸命やるとある程度の効果はあがりますが、その土地におけるスポーツというふうな要素がだんだん失われていきます。その辺、高校野球の場合は両方の要素があると思うんです。高校野球の場合は何か土地の愛郷心とどこかで結びつきますが、それが途中で選手がコマーシャルな世界のほうに移っていく時に問題が変質して行くということがあります。これまた再考を要する問題だと思うんですが、そういう意味で遊戯的要素とそれから記録的要素というのは、常に相互介入し合ってスポーツの世界の興奮というもの、楽しみと興奮というものを作り上げてきたのではないかというふうに思われるわけです。

明治・大正期の東京のスポーツ空間

萌芽期における競技の問題を考えてみますと、萌芽期それも明治の後半ですが、もちろんスポーツは明治十年代からいろいろな形で公的にも行われておりましたが、プロフェッショナルな球団とかいろいろ競技組織が出てくるのは、もっと後の大正から昭和の初期にかけてでございます。明治においては学校スポーツが中心で、プロフェッショナルなスポーツというのは、まだまだその萌芽形態か先行形態しか存在しないという場合が多かったということが言えると思うんです。そういうふうな時には、大学の付近にいた人がスポーツの世界ではイニシアティブをとっていました。早稲田とか慶応とか一高とか東京高師、それから東京高商、神戸高商とか、そういう大学でスポーツを実際に集中的に鍛えるというふうなことが行われたわけです。一方、それに並行して不思議なことにスポーツの世界には、応援団がついていたということが言えると思うんです。それはどういうことかと言うと、特に明治の終わり頃、四十三（一九一〇）年頃ですが、早稲田大学の野球でも押川清とか橋戸頑鉄（橋戸信）とか、そういった人たちですが——飛田穂洲もそれに加える必要がありました——そういう人たちが安部磯雄の指導のもとに野球のチームを作りかけていた頃ですけれども、町の芸術家たちがやたらスポーツに熱中していました。これはプロフェッショナルなものではないですから、自分たちが勝手にやっていたわけですけれども、それだけに非常に天心爛漫なところがあったわけです。

それで、明治の四十年代になると特に田端の付近に——その後田端文士村とか田端芸術家村とか呼ばれるようになったわけですけれども——スポーツ好きの芸術家が住みつき始めました。時代の雰囲気として、一種の明治の時期に起こったバンカライズムと同時に、体を動かし、豪快な遊戯性というものを発揮するという気風がございまして、小杉放庵（別号・未醒）という画家を中心に田端にポプラ倶楽部という自発的な倶楽部ができました。倶楽部の歴史、明治以来日本人の都市空間の一種の人間の集まる形態としての倶楽部を研究してみると極めて面白い。

それからスポーツもだいたい野球団にしても東京倶楽部とか、そういう倶楽部という名前を使って出発したわけですから、そういう時代には、スポーツというのは非常に広い意味で都市における人間の集まる形態として、人気の形態のある倶楽部の形を取っておりました。なぜそういうことになったかと言いますと、小杉放庵とかその他の画家、文士そういう人たちが集まりまして、自分たちで手作りのコートを二面作り、自分たちの手でクラブハウスを建てたわけです。そこへ集まっては、場合によってはテニスをやったり、相撲をやったり、碁を打ったり、謡曲をやったりそういうことまでするわけです。非常に水準の高いテニスプレーヤーたちであったらしく、この人たちがいろいろな関係で、大塚の付近にまた集団を作っていた押川清のお兄さん、――従って押川清も入っていたわけですけれども――押川春浪と交流を持つようになります。彼は、『海島冒険奇譚 海底軍艦』（文武館、明治三十三年十一月）をはじめとする冒険SF小説を書いていますが、日本のジュール・ベルヌと言われた人です。この人がめっぽうスポーツ好きで、東京専門学校（現・早稲田大学）を出ているわけです。東京専門学校を出る前に明治学院を追放され、それから父親（押川方義）が委員長をやっていた東北学院に移って東北学院でも追放されたわけです。それはただ単純に非常に堅い、生真面目で寛容性のないアメリカ人の英語の先生がいたということです。彼は、寒い東北地方ですからストーブがありますのでストーブで肉を焼いて食べていたわけです。それで授業が始まって先生が入ってきたら、何か臭い臭いとみたら犬の肉が残っていた、誰がやったと問いただすと、押川春浪が「私がやりました」ということで、直ちに父親によって追放されたということです。この父親もちょっとナショナリストの傾向がありましたから、この人も後にこの学校を追い出されてしまった。

この親子の物語は別の話ですけれども、勢い余って東京に出て、押川春浪も一時期、田端に住んでいたことがあります。大塚に武俠世界社という出版社を自分で作りまして、今度は天狗倶楽部というスポーツクラブを作ったわけです。それで野球をやったりテニスをやったりしていました。非常にバンカラな倶楽部であったわけですけれども、そこのなかから早慶戦の応

小杉放庵（未醒）
（1881-1964）

押川春浪
（1876-1914）

援団なんかができあがってくるという応援団の起源においては極めて重要な歴史の一ページを作ったグループの人たちです。この天狗倶楽部とポプラ倶楽部とが合流して、神戸遠征とか北九州遠征とか、日本国中遠征してテニスの試合をやったりしていました。そういうふうな東京の都市空間のかなりの部分は、スポーツの場合こういう人たちが中心になって作り上げられていた傾向があります。この人たちは、場所が場所だけに早稲田に近いということでどちらかというと早稲田関係の人たちなんです。

一方、慶応の関係では、有名な小泉信三を中心とする慶応のテニス部というものがありまして、明治から大正にかけて慶応のテニス部は、東京高師との対抗戦などで、赫々たる戦績を残していました。このテニス部のそばについていたのは、一九三二（昭和七）年の第十回ロサンゼルス・オリンピックで団長を勤めていた平沼亮三さんです。この平沼亮三さんは、オリンピックの日本の歴史においては非常に重要な人物であるわけですけれども、もともとは横浜に編入された平沼村という村の平沼という地名を所有していた一族で、江戸時代から塩を製造していた一族です。塩の製造のためには広大な土地を必要としますから、土地を非常にたくさん引き継いでいました。それで平沼亮三さんは、慶応幼稚舎に入って、それで小泉信三と同級生ですから慶応のスポーツ院外団みたいにして親しくしていました。平沼亮三は父親の後を継いで商業に携わるわけですけれども、横浜の財界においては重要な人物になって、後に政界においても市会議長を勤めたり市長を勤めたりすると同時に、スポーツに対してはたいへんな力を持っていました。だからスポーツと産業という結びつきを考える場合に、この平沼亮三という人の立場というのは非常に参考になることが多いわけです。ご本人自身もスポーツの万能選手であって、三十二歳の時の写真が残っておりますけれども、ふんどし一つで筋骨隆々です。裸の写真が自分の『スポーツ生活六十年』（慶応出版社、昭和十八年七月）という本に出ておりますけれども、筋骨隆々です。実際は正月四日、自分の家に必ず小泉信三をはじめとする慶応を中心とした仲間を招待して、一日中いろんなスポーツをやりました。家の敷地のなかにテニス

平沼亮三（明治44年11月撮影）
『スポーツ生活六十年』より

コートを二面持って、そのほかのスポーツ施設を自分の家に持っていたというわけですから、大パトロンであります。それで、例えば常陸山などと親しくて、常陸山部屋に行くといつも一緒に力士たちと時間を過ごしていました。時には、常陸山たちと相撲も取ったというぐらいの人でありました。財界メッセなどという言葉が言われますが、自分から相撲まで一緒に取った人は最近ではいないんではないでしょうか。平沼亮三という人は、そこまで徹底していました。ですから、東京のスポーツ空間というのは、素人と玄人という区別がほとんど存在しなかった時期ですから、いわゆる北半分はポプラ倶楽部と天狗倶楽部、南のほうは横浜から進出してきた平沼亮三及び小泉信三の慶応関係のグループで占められていたということが言えると思います。

鮫洲大運動場の建設

そこで競技場の歴史を考える場合に、重要な競技場が作られかけていたわけですけれども、それは明治のこの頃です。先ほど申しました押川春浪、この人たち、天狗倶楽部が中心になって羽田にあった運動場でいろいろな大会をやっていました。全国中学校相撲大会とか、全国中学校野球大会とかをやっていたわけです。しかし、羽田運動場が狭いというので、そこから遠からぬところに場所を探して、それで鮫洲大運動場というのが実際に計画されて作られました。この鮫洲の運動場のことを今日考えてみますと、萌芽形態のはつらつとした運動空間というものに対する考え方がよくあらわれているところがあります。この鮫洲の運動場は明治四十二（一九〇九）年に完成の予定で始められました。五、六十人の建設労働者を動員して工事を急いででき上がりました。この運動場の方針は、当時存在していた日本運動倶楽部の考え方に沿ったものにして、利益を目的としない社団法人にしようということでした。そして、鮫洲海岸に一万五千坪の土地を見つけ出して、完成の第一目標を野球場に、それから競技場、そしてテニスコートも含まれていたということです。

当時日本の野球は、プロではないけれども東京倶楽部が関東ではトップ、関西のトップは神戸倶楽部でありました。最初の野球場は四千九百坪という非常に大きなものです。周囲に幅二間の道路をめぐらし、後方にはちょうど道の方に向かって富士山の壮観を視野におさめることができるということが宣伝文句で、雑誌にも載っているわけです。三方にはスタンドを設け、三万人の観客が十分に観戦できるような席を設けました。更にランニンググラウンドを作り、その周りに庭球場やそれから器械体操場も作るというわけですから、多目的ということではなくて総合です。多目的というのは一つのものをいろんなものに使おうとするわけですけれども、総合ですからいろんなものを配置してあります。そこでスポーツの花を咲き乱れさせるという、そういうような文句を謳ってあるということです。

　この競技場はできる限り、学生にも一般紳士にも軍人にも開放し、スポーツの楽園とする、という方針が立てられて、更に各種の学校の、明治の中頃からでき上がってきた運動会などにも実費で貸す予定でありました。運動会の歴史というものも、日本の極めてユニークなものでありますから、興味深いものでございますが、そういった愉快な場所に来て十分に活気を養うようにしたいということでした。そこで更に構想においては、将来はここで東洋オリンピア大競技会を開くことを謳ってあります。そこで中心になった押川春浪は、お父さんの後を継いだアジア信者であって、西洋の暴虐に対抗するために日本男児はアジアの各地で強きをくじき弱きを助けるという冒険に、ベルヌ風の潜水艦とかいろいろな科学的な思考を取り入れた小説を書いていたわけです。一方ではSF小説の鼻祖と言われると同時に、一種のアジア主義というものがあって、その後の日本とアジアとの関係から言うとちょっと不幸になったアジアとの関係がここにも表れているわけです。アジア大会というものの一種の先行形態をもうビジョンとして描いていたわけです。そういう意味では、ナショナリズムとそれから冒険心というものが奇妙に交わって、それがスポーツ精神と結びついていたということができます。

　この企画を支えていたのは京浜急行であって、京浜急行の工学技師であった中沢臨川という人です。この中沢臨川という人は不思議な人で、工学技師でありながら哲学、文学に精通して、工学的な文章も書くけれども、哲学的な文章を『中央公論』や何かの反政界雑誌とかに掲載したり、それから文学評もやるという非常に幅の広い人であったわけです。この人が全部設計を担当し、それで自分の勤めている京急から資金を調達していたわけです。それででき上がりました。ですから、非常に早い時期の京急による企業メセナであったということができると思うわけです。

けれども、残念ながらこの競技場は地の利があまりよろしくありませんでした。その頃近づくのには苦労があったということと、それから海岸に近いですから砂が多かったためにスポーツ競技にはどうも向いていないというところがありました。それで利用する人たちも少なくて、大正六（一九一七）年に起きた台風による高潮で使用不可能になってしまった、という残念な歴史があります。けれども、その構想たるや非常にはつらつとしていて、スポーツの競技空間を考える場合に何かその後抜け落ちてしまったものがそこにはいろいろあるというところがあります。

精神と肉体を解放する競技場

歴史的に振り返ってみますと、最初にできた野球場というのは明治十年代ですが、新橋鉄道局が新橋アスレチック倶楽部というチームを作って三崎町の陸軍の練兵場にグランドを設けて、野球をやり始めました。そのグランドを保健場と呼んだそうですけれども、この「保健」というふうな感覚がやっぱり一方では非常に強かったようです。でありますから、明治以来の体育に対する考え方のなかに保健・体育という抜きがたい立場と、それから今度は遊戯性を重んじる運動派という二つのタイプがありました。公的な組織はどうしても明治政府の身体を管理するという思想が貫かれますから、頑強な人間は子供を育てて、それで強い、頑強な兵隊を作るという、これは明治においては少しも不思議のないことであります。

それに対して遊戯運動派という、遊戯性も興行性も落とさないというスポーツに対する考え方があります。これは例えば、日本体育会というのは明治から大正にかけては私的な運動組織として、いわゆる遊戯、遊びという側面を意図していました。従って、例えば博覧会などに出店を出すということ、そこでいろいろなアスレチックな競技をみせて料金を取るという、一種のサーカス的な興行性を日本体育会が持ちました。これはちょうどスポーツの二つの面の反対の要素をよくあらわしています。例えば児童心理学者であった高島平三郎が日本体育会の代表的な役割を果していた時には、運動会のなかにおける遊戯的な要素を強調した行事というものを奨励したということが、体育会の歴史を読んでみますと載っております。

そういうわけですが、結局戦後にかけてどちらかというと保健・体育という要素が強くなってきます。そうするとスポーツに対する関心よりも、やはり学校体育という面に重点が置かれてきます。しかし、例えば明治時代ですが、『遊戯雑誌』という雑誌がありましたが、これは遊戯万般、賭事まで含んだ雑誌であるわけです。この『遊戯雑誌』には、例えば鳶職はいかに体を鍛えたかというふうな記事とか、人間の走り方の特集とかが載っています。ですから、明治時代のそういう一般の人の関心のなかにはまだ江戸時代的な遊戯感覚で身体の問題をみていた人が少なからずいたということになると思います。スポーツというものは、身体も解放するけれども精神も解放する、すなわち身体及び精神を解放する空間として競技場というものを考えることができます。あるいは、記録を上げやすいようにということだけが前面にこないということが必要なのではないかと思います。そういった意味で明治以降、特に戦後、大正の中頃

高島平三郎
(1865-1946)

から戦後にかけて保健・体育という傾向が強くなってきて、選手を記録のための駒のように考えるようになりました。それが子供にまで及んで、とうとう最近は『スポーツは体にわるい——酸素毒とストレスの生物学』（加藤邦彦著、カッパサイエンス、平成四年十一月）というベストセラーまで出版されるという傾向にまで及んでいると思います。

兎に角この競技場が、人間を精神的、肉体的に解放する場であるということは極めて重要な原則であると思います。その例をいろいろ他の国で探ってみるべく題材を用意したわけです。例えば、ニューヨークのシェイ・スタジアム、ここは天然の芝生をはじめとして周囲の自然の色合いというものを大事にしています。我々の最近の競技場は、人工芝をはじめとして、いろいろ人工的な要素を盛り込もうとする傾向が強いあまり、どうしてもスポーツというものは本来大地の上でやるものであり、大地との接触というのは大地の持っている何か不思議な活力を吸収するというような性格から離れていく傾向があると思うんです。例えば、芝ということは芝居という言葉にあらわされているように、大地の力を芝を通して吸収して、それを歌舞伎なら歌舞伎の演技にしていきます。それから相撲にしてもだいたい土地の精霊の力を吸収して、それで四股を踏んで吸収して、その力を相撲という演技、競技に向けていくということで大地とのコミュニケーションの性格、それから人間同士のコミュニケーション、そして大地とのコミュニケーションが想定されます。

スポーツ空間をデザインする重要な要素

そういうわけで、スポーツ空間というものは、都市文明をいろんな形で反映しておりますから、近代においては確かにそれは多様になっていったけれども、単に機能だけを集中するのではなく、いわゆる遊びの要素、一見なんの役に立つか分からないものがたくさんあるというようなスポーツ空間は残されてしかるべきだと感じられるわけです。例えばウィンブルドンに行きますと、敷地内に競技場がたくさんあって、その合間にいろいろな遊びの場所が配置されています。ですから、リラックスする時間というのは、観客もスポーツのなかに巻き込まれて興奮しておりますから、興奮したその精神をときほぐし、リラックスする場所もいろんな形でウィンブルドンのなかにはあります。このようにスポーツに対するゆとりが、競技場の空間内に配置されていく必要があります。そういう意味では、そういった遊戯的な要素は今後分化されるべきではないと思います。残念ながら日本では、何かその要素がまだまだスポーツの空間においては少ないように思います。例えば、モントリオールのオリンピック・スタジアムをみてみると、その外観がＵＦＯみたいで非常に楽しめるような形にできている大きい競技場です。それで地下鉄がその真下に入ってきます。改札を出ると、競技場の通路になっています。ということは、現代スタジアムとしては非常に都市機能によく適合し、都市のなかにうまく配置されています。それがある時期、十九世紀の末から二十世紀の初めにかけて地下鉄ができる時に、アメリカ及びフランスで地下鉄の駅をデパートの真下に作るという発想と似ておりますが、スポーツ空間もそういうふうなことができるような場合があります。関西の競技場は、極めて駅に近いように作られているけれども、東京の場合は後楽園をみてもちょっと離れてしまうというふうな傾向があると思います。

スポーツというものが遊戯的な空間だとすると、スポーツ空間にまつわるいろんな雑多な要素をいかにうまくしていくかということについてですが、例えば、福岡でユニバーシアードが行われる場合に、スポーツだけをやるのではなくて他の要素を生かす必要があると思います。福岡では屋台が有名でありますから、そうするとユニバーシアードのスタジアムを作る場合に、スタジアムに向けて屋台が参道のようにすらすらと並び、その間をくぐって行くような、そういう風な雑多な要素であるけれども、スポーツ空間と日常世界の空間を繋ぐ、お祭りの参道の要素というものはやはり強調されてしかるべきではないかと思います。日本のスポーツ空間をこのような点からもう一回検討し直してみるのも面白いと思います。日常生活と非常に緊張したスポーツ空間との関係、遊戯の世界と日常世界の対比、例えば賭博の空間が昔は神社仏閣のご開帳という言葉であらわされている神社仏閣の空間の外延的な要素としてありました。それが日常生活と神社を区別するというふうな役割を果たしていました。似たような意味でそういった空間配置が考えられていました。誰が考えたというわけではないですけれども、そういうことは今後スポーツの空間を考え、そのスポーツ空間をデザインするというふうな場合にも極めて重要な要素であると感じられます。まだいろいろな例を挙げるべきなんですけれども、これで私のお話を終わらせていただきます。どうもご清聴ありがとうございました。

先人の著書にみるユーモア

近ごろ、明治・大正の、どちらかと言うと忘れられた人物についての本を発掘して読む機会が多くなった。例えば、生方敏郎という人がいる。この人の名前は、中公文庫に一冊『明治大正見聞史』（昭和五十三年十月）という本が入っているのでかろうじて記憶されている程度であろう。その頃ユーモリストと呼ばれ、自らも、そう呼んでいた文筆家たちの一人である。大正時代には大庭柯公《おおばかこう》とか大泉黒石とか、すべての問題を、深刻な話題を含めて、軽い笑いのタッチで論ずる力を持っている人が多かった。アナキストで、大震災のとき殺された大杉栄などもそういった人の一人であった。

大正十三（一九二四）年六月に出た『恋愛革命』という本もそのようなタイプの文筆家に

よって書かれた一冊である。著者は山本宣治、テロリストの手に斃れた思想家の一人で、当時、もっとも洗練された本を出していたアルス社から出された、洒落た本である。山本宣治には他に『性教育』（内外出版、大正十二年八月）などという本がある。

この人は、人名事典によると生物学者、政治家ということになっている。京都で花かんざし屋を営んでいたクリスチャン夫婦の一人息子として生まれた。従って生まれた頃は、粋であり、ややモダンな雰囲気のなかで育ったらしい。病弱のため神戸中学を中退し、宇治の別宅で花づくりなどしながら独学した。『万朝報』の内村鑑三や幸徳秋水の非戦論に共感をおぼえた。その後カナダに渡って五年間滞在した。帰国後、京大大学院で生物学を学んだ。卒業後、同志社大学の予備講師になり、「人生生物学」を講義し、新しい学問分野であった「性科学」の研究に携わり、サンガー夫人の来日に際しては通訳の労をとった。そのようなわけで次第に無産運動に深入りし、一九二九（昭和四）年右翼のテロリストによって暗殺された。

このように書くと、この人の生涯も筆づかいも暗いように思われるかも知れないが、そのようなことはない。この本の後書き（「跋「私の科学」の弁」）を読めばそのことがわかる。

例えば、「此世の中に原稿の催促をするうるさい新聞雑誌がなかつたならば、私もこゝに書いた様な恋愛観や、もつともらしい理窟や、人の智識のよせ集め受売などを、書かずにすんだ事（で）あらう」〔一〜二頁〕という書き方である。この書き方のなかに、すでに著者が、自らを茶化して書いていることが読みとれる。「課題と締切期日とを念頭におき、其上自分が之迄ボンヤリ感じて居た事を精々論理正しい形に考え直すとか、或は今迄ウロ覚えの知識を又改めて虎の巻に就て読み直し掻き集めるとか。色々苦労して得た所を、書く自身にも退屈せぬ様な形式を具へさせ、それから尚其上に四百字何枚にうまく納まるやうに、そこに然るべく取計らふて吐きださねばならぬのであつた」〔二頁〕と書く口調は、編集者と物書きの持ちつ持たれつの関係をよく言い当てている。ぶつぶつ言いながらも、物書きが文筆をものにするのはまさにこのような状態においてである。

この山本宣治の文体は、まさに、すべてを「揶揄《やゆ》」する口さがない京童《わらべ》のものである。私は、このころ、とくに、明治から大正にかけての無産運動家の文章及び、それらの人物について書かれたものを古書店で探し出して読むようにもつとめている。

かつては危険の書であったものが、こうした思想の神殿が消えてしまった今日、改めて読み直してみると、思想の土俗化の傾向が強かったことがよくわかる。丁度キリスト教が禁教のため匿れキリシタンになって、自らも区別し得ないくらいに土俗化したのと同様、無産思想も民俗学の対象になる日がもう少しで来るのではないかと思われる。良質のユーモアは、山本宣治の育った時代と文化が、今日と較べて決して貧しいものでなかったことを示しているようである。

会津幻視行

私はこのところ、近代日本における敗者の精神史、つまり影の部分についての考察を行っている。そうなると、旅に出かけてみないかと言われてまず思いつくのは会津の山河である。国敗（破）れて山河ありという。会津人の魂の中に沈澱している山河を直接写し出すことは私には不可能である。しかしながら、私の精神史の中で会津がどのような形を執りつつあるかを写し出してみることは不可能ではないと考えられる。写真家はふつう像そのものを技術的・芸術的に自家薬籠中のものにして、自らの内的世界の投影を行う。従って、時には対象の属する文脈は極端にいえばどうでもよいことがある。

ところが、私達写真を専門にしていないものには文脈そのものがシャッターを押す動機を形づくるのである。よく、海外旅行の写真アルバムを帰国後友人に見せても誰も感嘆の声を上げてくれないと不満を洩らす人がいる。しかし、それは対象と対象が属する文脈と写真をとった人がそのとき置かれていた文脈の三つを混同する結果起ることである。

記号学という新しい分野がある。この分野は絵や写真、身ぶりも、直接的に意味を発信する言語のようなものであると考えることによって成立する。視覚に訴える像にはアイコニシティ（図像そのものの表現）とインデキシカリティ（地図や看板のように何か他のものを表示する機能）という二つの働きがあると考えられている。専門の写真家が写真に担わせるのは前者で、専門に属さないものには後者の目録性の方が差し当たって問題になる。行間を読むという言葉があるが、写真にとっては像間という言葉が使われてよいだろうなどと考えながら、東北新幹線を郡山で磐越西線に乗り換えて会津若松に着いた。

郡山は戊辰戦争の戦闘に巻き込まれなかったこともあって、薩長政府の保護を受けたらしく産業も発展し、古くは石井研堂のような博学の民間学者を生み出し、今日でも作曲家湯浅譲二を出している。湯浅の父は大正時代ベルリンに留学して現代音楽のレコードを豊富に買い込んで来たという具合に恵まれた環境で若き日を過ごしたお医者さんであった。

会津若松でまず確かめたのは会州一蔵品館の位置であった。この蔵品館は古い由緒ある酒造りの商店の店に残っている戊辰戦争の激戦の際刻まれた刀傷が残されていると町おこしの本で

古書処勉強堂（著者撮影）

読んだことがあるからである。

タクシーを会州一蔵品館に走らせた。がっしりした酒蔵の門に入ろうとしたとき、その真向かいに閉まっているが一軒の古本屋さんがあるのに気づいた。私は古本屋さんのある地方都市が好きだ。嘗てシンシナティで学会を逃れて古本屋を探したら三軒あって、ラフカディオ・ハーンについての本を五、六冊入手したときは御機嫌だった。ものは試しに戸を叩いて見たら、主人が「日曜日なのでこれから外出しようと思っていたところだ」と言いつつ出てきた。この古本屋さんは会津の「古書処勉強堂」という店であった。中に入ると狭く薄暗い通路に所狭しとばかり本がつまっている。奥はカウンターのようになっているから主人の座っているところまで入れない。何時も座って外の道路を見ている人の立場から言うとこうした空間は見馴れて一つ一つの物の所在も明らかであろう。しかしながら、予期せず出逢い、突然入る人間にとって、この薄暗がりは、意外性に満ちていることもあってほとんど、無意識の迷路に入り込んだ蠱惑《こわく》的な一時を与える。カウンターの上にも本が一杯並び、上には古いランプとか焼きものとかの古物が一杯ぶら下がっている。売り物ですかと訊ねると「父の代から吊り下がっていたもので、特別売り物という訳ではありません」という答えが返って来た。結局、時間に限りがあることもあって会津関係の棚だけを見て、探していた昭和三（一九二八）年十二月刊の青山霞村著『山本覚馬』（同志社）などを入手して向かいの蔵品館に繰り込んだ。酒蔵の一角には、雛祭りに合わせて、数多くの雛人形が棚に陳列してあるのが目を瞠《みは》らせる。雛人形は京都と共に会津の誇る伝統の一部になっている。この酒蔵は山口家のもので、山口家は、千利休ゆかりの石州流会津怡渓《いけい》派の茶道を継承し、江戸期の茶道具、革道具、日本画、書などの所蔵品を店の奥の二階の博物館で展示している。私の訪れた日には、仕込みが始まっている故、酒蔵に入ることは出来ないという貼紙がしてあった。未だに使われている酒蔵、季節に合わせて展示されている雛人形、古典的な美術品からなるショー・ウィンドウ、戊辰の刀傷という歴史の記憶を刻んだ店舗の柱といった組み合わせは、この私設美術館の志の深さを想わせ、長い歴史を背後に持った企業メセナの最も望ましい形になっている。

蔵品館の次に訪れたのは栄町にある日本キリスト教会のチャペルであった。会津において戊辰戦争の敗北後、多くの心の支えになったのはキリスト教であった。戊辰戦争で鶴ヶ城にて華々しく戦った山本八重子は後に京都で同志社大学の創始者新島襄の妻となる。栄町教会は明治のそうした時代の記憶をとどめた木造建築で、会州一蔵品館も加入店である会津復古会はこの教会礼拝堂の保存問題にも取り組んでいるという。

近くの米代町には八重子とその兄の山本覚馬の碑があるというので訪ねてみた。山本覚馬は維新に際し蛤御門の変のあと捕われたが、遷都で空白状態に陥った京都の市政顧問として、学校をはじめとして伏見鉄工場、梅津製紙場、化学工業試験場、試験農場、織殿、染殿、病院、牧畜場などの施設を次々に提案し、京都を時代の要求にかなった都市につくり変えた大恩人であった。薩長が勝った結果、虚脱状態に陥った京都の壊滅を、負け派の覚馬が防いでこの古都を再生させたという話は面白い。覚馬は新島襄に力を貸して同志社の創設に尽くし、妹の八重子は新島の妻としてその片腕となる。維新後、京の雛人形が全く売れず、雛祭り廃止の動きにおびえていた人形界を激励して貿易への途を開かせたのも覚馬であった。豊かな会津雛人形の伝統に育まれた覚馬だからそういった方向に想像を働かすことが可能だったのである。

覚馬、八重子碑を訪れたのち私達は一路大沼郡昭和村へ車を走らせた。この村の十年前廃校になった喰丸小学校の校舎を偶然のことから頂いて様々なイヴェントを組むことになり、その改修の打ち合わせをすべく村の人たちが待っていたからである。喰丸小学校はプール、屋内体操場、二階建て教室つきで、マルチな目的のために使える可能性は充分にある。村の人と話しあっているとき、ふと、私が中学三年のころ網走で教わった生物の先生が会津高田の人であったことを想い出した。村の人に調べて貰ったら、私の昔の先生・佐治光保氏は昭和四十二(一九六七)年頃亡くなったが、その叔父さんに当たる佐治靖雄氏が昭和五十年代のはじめに喰丸小学校の校長先生だったことがあるという奇しき因縁が判明した。早速、佐治先生の御遺族のトシさんに連絡していただき、翌朝、高田町を訪れた。佐治さんのお宅は三百年ほど前に建てられた極めて古く大きな建物であった。つい最近まで味噌、醤油を醸造して居られただけあって、大きな蔵に巨大な樽がいくつも置かれていた。双葉郡川内村には酒樽を利用して作った草野心平ゆかりの天山文庫というのがある。私も似たような書庫を作る誘惑に駆られた。同時に、穏やかな、一寸古風な「らしくの哲学」を説いてやまなかった光保先生の記憶こそ私を会津に導いたものに違いないと確信した。

会津の歴史、そして会津と京都を結ぶ線、奥会津の昭和村が一直線に私の少年期の記憶を蘇らせる。そしてその光源の一つが、一古書店の薄暗がりの中にある。変哲もない写真の一枚一枚も私の心的宇宙では万華鏡のごとく乱反射をしはじめるのである。

第三部　古本と新しいパラダイム

近代日本における〝知のネットワーク〟の源流

さまざまな古書店との出会い

今日は申し訳ないから、前回の分も二回まとめて喋ろうと今朝二時まで準備をしていたんですけど、この会場は十二時までだというので、たいへん残念ながら、それまでに終えなければならないわけです。そこで最初にちょっと紹介させていただきますが、ここにいるのは坪内祐三君と言いまして、私といつも古書店回りをしているんですが、彼は早稲田の大学院でアメリカ文学の研究をしまして、それから雑誌『東京人』に入って編集の仕事をいろいろ経験し、二年程前には『東京人』で東京の古書店特集（「東京は世界一の古本都市である」、第三巻第七号、昭和六十三年十二月）をやった人間です。やっぱり趣味に偏向し過ぎていて、編集長が「おまえ辞めろ」と言ったので、「はい」と言って辞めた。そういうことで古書店回りに専念しております。私は去年から福島のほうに本拠を移そうとしておりまして、「お前も一緒に向こうに行かないか？　失業してるんだろ」と誘ったら、「いや、まだ東京の古書店を回りたいから、福島に行くのはイヤだ」と言って断った人間です。

だいたい私がもう六十一歳で記憶がどんどん減退していて、人の名前などをすぐ忘れるんですね。先ほども目黒駅頭で加藤隆（九曜書房店主）さんにお会いしたときに、お名前がパッと浮かんできたのは、前のときのお詫びをするために何回も名刺を見ていて、ポケットに入れてあったものですから。そういうわけで加藤さんのお名前はパッと出てきた。つまり私にも罪の意識がそれだけあった。時を克服している罪の意識というわけです。

坪内君はそういう意味でいつも記憶装置の役目を果たしている。岡本太郎さんはそばに秘書の女性（岡本綾子）がいましてね。その人に全部名前を記憶してもらっているらしい。以前に岡本さんと話していたら「私はパーティなんかで人と会っても、やあ君、元気か、僕も元気だ、なんて言って、相手の名前なんかどうでもいい。……ところで君はだれだったかね？」なんて言う。輪郭で何となくそういうヤツだったと分かるみたいなんですけれども、私もほとんどそれに近い人間です。坪内君がいつもそばにいて、名前を忘れるとすぐ「坪内！」と指名しますので、お聞き苦しくなってもご理解をお願いします。

喉もと過ぎればと言いますけれども、一昨日またファックスを入れていただいて、それまでは私もすっかり忘れておりまして、すっぽかす恐れがあったわけでございます。懲りないというのはこのことだと思うんですけれども、にもかかわらず私は、第一回で会員の方が懲りず、再びご依頼を受けてたいへんうれしく存じています。

去年からパリとロンドンに行くチャンスがありました。二十年近く前ですが、日本で世界古書籍業の大会があったときに会長をやっていたノーブレさんという人がいて、彼はボナパルト通りに美術本の店を持っているんですが、そこへ行ってですね、「じつは日本の古書組合の旦那連中に話をしてくれと依頼されていて、そこでノーブレさんのことを一言ご紹介したい、昔のことだけどここでポスター芸術の父ジュール・シェレのすごく良い本を買ったことがある」というようなことを話していましたら、そこにいた女性が「ノーブレは私の父で、今はそこで働いている亭主と店をやっている。父の住所をコピーして差し上げましょう」とすぐにコピーしてくれまして、「思い出してくれて、父も喜んでくれるでしょう」と言っておられたんですね。

それからロンドンへは、大学院でギリシャ哲学をやっている私の次男を一緒に連れて行きました。大英博物館のあるグレート・ラッセル街の一つ後ろの通り、そこにボンディさんというお年寄りの店がありましてね。彼は私が十数年前ロンドンで恐る恐る店へ入っていって話をして親しくなった人で、もともとウィーンにいたけれど亡命してきた人です。面白い本がいろいろあるんでそれを買ったんですけど。で、話を聞いていると、例えばエードゥアルト・フックスとウィーンにいたとき親しくしていて、彼の手紙などはけっこうたくさんここの地下室に持ってるよ、なんて教えてくれましてね。それで今年の四月に息子を紹介しまして、「これからは私の後を継いでこの息子が古本漁りをするからね」というふうなことをちょっと言ったら、ボンディさんは「うちの息子は親不孝者なのであとを継いでくれないで、結局カナダのトロント大学に行って数学の教授になっちまって、ぜんぜん別の道に入ってしまった。古本屋は今はなかなか三代は続かない」という話をしていました。

次に九月にエジンバラで「子供の玩具」についての国際会議があったとき、ついでにボンディさんの店に行ったら閉まっていたものですから、隣の古銭屋さんに「ボンディさん、何処へ移った？」と聞いたら、「ここから歩いて四、五分のヴェネツィア通りというところに、何軒かの古本屋が入った新しい店ができている。そこにいる」って言うんですね。で、駅から歩いて五分ぐらいのところですから、そんなに離れていない。そこは古書店チェーンが一カ所にある。ロンドンの新しいケースだと思うんですけど、ボンディさんはそのうちの一軒を預かってそっちに移ったと。で、行ってみると確かにボンディさんがおりまして、僕が「店が閉まったのかと残念に思っていた」と言うと、彼は「いやいや、もう年をとって面倒くさくなってきたので、向こうの店の本はつき合いの長い友達にみんなあげた。地下室にあったフックスの書簡などもみんなあげた」と言うんです。つまり長い間に培われた非常にいいネットワークを持っているわけです。それで、彼はそこで何をしているかというと、古書店チェーンの一軒を預かってその店番をしてるんですね。店の一番奥のコーナーだけ自分の本を置くことを許されて、自分の本はもう運ぶのが面倒くさいからミニ本だけにしている。箱入りの何巻なんていうのは運ぶのが嫌だから、いわゆる袖珍本《しゅうちんぼん》だけを店の奥の本棚に並べている。「これが私の城だよ、今や。これより先の本は預かっているだけなんだよ」なんて言ってましたけど、元気が良かったですね。お互いに写真を撮り合って、私も写真を送るからという仲になりまして、古書店を介していいネットワークが、国を越えてできるということが実に楽しいものである、ということでございます。

私自身、いわゆる丹念に古書店を回って本を探すというふうな病気が再発したのは、ここ二年ぐらいのことですが、そもそもの古書店との出会いというのは、昭和二十一年頃に遡ります。私が北海道の網走で旧制中学の三年生くらいのときだったんですね。私の一年上級生に、知ってる方があるかもしれませんが、みすず書房で出したG・E・R・ロイドという人の『アリストテレス――その思想の成長と構造』(昭和四十八年四月)という本があるでしょう。その本を翻訳している川田殖《しげる》という人が、今は山梨医大の哲学の教授になっているんですが、その人が一年上級にいて、彼は中学生のくせしてやたら蔵書家だったんですね。何故かというと、彼の部屋に行くと戦前版の研究社の英文学叢書、あの赤い原典版と、黒い版の揃いを全部持っている。それから英文学評伝叢書の揃い、それも全部持ってるんですね。私はそれを片っ端から借り出しまして、英語以外のところは全部読みました。前の解説を読んで、赤版も黒版も評伝叢書も全部読みました。ですから英語以外はかなり知識を得たということなんですけれども、それ以来解説だけで済ましてしまう癖がついてしまって、いまだに抜けないところがあるわけなんですが……。

で、その川田さんは、まだ食糧事情が厳しいときにリュックサックを背負って、網走から東京まで古本の買い出しに来ていたんですね。東京で古本屋さんを回っては、本を担いで帰っていた人間なんです。彼は今、佐久市に住んでいるんですが、十年ほど前にロイドさんが日本に来たとき（昭和五十六年六月）、川田さんに会いに行くのに私がお供をしてついて行ったことがあるんです。三十年以上も前のことですっかり忘れていたんですが、坪内逍遙訳の『シェークスピヤ全集』のなかの『シェークスピヤ研究栞』（第四十巻、早稲田大学出版会、昭和三年十二月）を彼にプレゼントしていたのですね。下手な英語で、「敬愛する川田氏に献げます」と書いてあって、そのときは恥ずかしい思いをしたのですけれども、シェイクスピアもこれ一冊で済ましたのかな、と思いました。

そういうわけで、私も東京までは行けないけれども札幌までは出かけようと思って、高校二年から札幌までは買い出しに出かけました。その頃の札幌は今と違って、すすきのとか狸小路とかには両側に古本屋さんが五、六軒はありました。それを一軒一軒回っては風呂敷にいっぱい抱えまして。その頃の私は川田さんの影響で英文学の本を買うようになっていましたので、福原麟太郎の『英文学の輪郭』（研究社、大正十二年五月）、そういう本を買って帰ろうとしていたんです。そのとき、ヤクザに捕まって「お前、その本掻っ払ってきたんだろ。買って来た証拠を示せ」なんてだいぶ絡まれて、路地に連れ込まれそうになった。でもなんとか逃がれることができましたが、古本屋めぐりもけっこう怖いもんだという自覚をそのとき持って、それで止めとけば良かったんですけど、その癖は続きました。

大学では日本史をやりましたから、我々にとっては非常に貴重だった『大乗院寺社雑事記』だとか『蔗軒《しやけん》日録』『蔭凉軒日録』の端本とかを、復刻版で出たのを探し回るという、そんなものでございましたが、大学院は東京都立大学の社会人類学に行ったもんですから、一九三〇年代に出版された外国語の人類学関係の本を探すといった程度でした。私にとってその頃の古本の神様であったのは、日本古書通信社から出た豆本『黒い風呂敷』（平成四年六月）の著者・徳永康元さん、私の先生ではないんですけれども——私の先生は岡正雄さん、岡書院の岡茂雄の弟ですね――昔からその徳永先生と親しかったものですから、お宅によく遊びに行った。ご存じの方はご存じでしょうけれども、徳永先生のお宅は新宿百人町ですから、内田魯庵なんかが住んでいたところの近くだけれども、入って座っても、先生の顔はこう中腰にならなければ見えない。机の前にも横にも本が積んでありましてね。向こうとこちらで、顔を見ないでお話しするという、そういう感じであったわけですが、しばらく行っていないですけれども今も変わりないことと思います。徳永先生に習って、あれはだいたい昭和三十四、五年頃ですね、神田の古書会館に時々行ったことがありまして、朝十時に会場に飛び込んで、ある棚の前に、ゲザ・ローハイムという人の本（『アニミズム・呪術・神聖王権』）を取ろうとして行ったら、その本の前に立っている人物がいて、ひょっと見たらそれが先生でした。ほとんど剣豪の強いヤツの前に立ってるという感じで後ずさりしたら、それがローハイムのキングシップ（王権）についての本であるから、「いや、他の人なら譲らないんだが、君はこれをテーマにしているのだから、今回だけは君に譲ろう」と言われて、ハハーッと受け取ったのですが、そういうコミュニケーションは非常に楽しいもんであるな、ということです。

そんなふうにして国内で修行しまして、それからアフリカに調査に行ったんですが、アフリカなんかには古本はなかっただろうということをよく聞かれましたが、そんなことはない。例えばナイロビとかに行きますと、イギリス人が立ち去るときに本をみんなインド人の古物商のところに置いていくわけです。そうするとただの古物商だと思っていても、店を奥のほうへずーっと入って行くとイギリス人の置いていった本がある。それもアイルランド系の神父が多いですから、アイルランド関係のものがけっこう多いんですね。そんなことで、本を買う習慣はそのまま保っていたということがあります。その後一九六八（昭和四十三）年頃から、しばしばロンドンやパリ、その他バルセロナ、ミラノ、メキシコ、ブエノスアイレス、カラカス、いろいろなところで古書店訪問をやりまして、その一つ一つを挙げるとそれはまた長い話になってしまいます。

私は他の国の地域研究というので、せいぜい駿河台下の明治堂さんとか進省堂さん、そういうところで一九三〇年代の人類学関係の本とか地域研究に関する本を漁っていたくらいです。いわゆる古書展的な古本の世界からはかなり遠のいて、国外で教えたりする生活が長くなったものですから、関心はだんだん他の方へ移って行きました。唯一、コレクターとしてちょっと自慢できるのは、二十年以上前、一九六八年ですね、パリ大学ナンテール分校で教えていたときに、その頃はまだ誰も関心を持っていなかったサーカス、十九世紀のサーカスに関する本、それからサーカスを題材にした単行本、ジュール・シェレの挿絵の入った本ですね。まだ極めて安い頃にだいぶ手に入れました。当時全然競争相手はいない世界でしたからね。

これは私のスタイル、そういうところにも関係があるわけです。まだ問題になる以前に問題を作って、気取った言葉で言うと「新しいパラダイム（知の枠組み）」というものを作って、それで買い集めていけば本は極めて安く手に入る。例えばその頃、私が七百円くらいでパリで買っていた本が、今は一万円、二万円という値段で売られています。それは河岸の古本屋ブキニストでもそうです。それを早くやるということ、問題を作るということ、それが私の本に対する態度で、高い安いというのは大した問題ではない。だから、古本を扱っている人には失礼になるけれども、石コロを金にまでは変えないけれども、銅か、銀ぐらいにはなる……かどうか分からないですけれども、錬金術か錬銀術のようなものですかね。パラダイムを作っていけば、みんながあまり注意しないような、あまり高くないと言われているような本でも、兎に角そういうふうに持っていく。それはものを書いて発表する人間の一つの利点であって、普通の仕事でそれをやっていたら蓄積されて金が貯まる。それだけで終わりかもしれませんけれども、私の場合は幸か不幸か、書きながら自分の考えを出していく立場にありますから、だんだん表面化してくると、その話は面白いとなる。例えば、笑いとか、道化とか、それからサーカス、そういう問題というのは現在では極めて一般的なテーマとなっています。今ならそれらについて書いてある古書は高く売れる、そういうふうな傾向があると思うんですが、まあ、そういうふうな形ですね。

それで今は、日本の近代のいわば陽の当らなかった部分、つまりはっきり結論的に言ってしまえば、薩長が作った国家のイデオロギーの道から自分の選択で外れた人、それから追い出された人たち、これは単純化してしまえば明治維新における〝負け派〟ということです。彼らが、薩長のハイアラーキーのイデオロギーに対してどういうものを作り上げたかという、そのところに関心を持ちましてですね、シリーズで明治、大正、昭和の問題を、それをあるときには石原莞爾に、あるときは林達夫の属した東方社という知的な組織に、あるときは小泉信三のテニス仲間に、そういうふうな人があまり気にしないようなテーマに焦点を当てて取り上げていくと、意外と面白い事実が束になって集まってきたわけです。そういうことになると、古書の世界というのは近代における未踏の地《テラ・インコグニタ》の無限の宝庫である、ということにだんだん気がついてきたわけです。

渾沌に直面する魅力

このくらいを前説に致しまして、パラダイム作りをやりながら、それで本の世界に接する、その例をお話ししたいと思います。本を買い集めているときは天国で、払うときになると地獄になるという経験を繰り返すというわけでございますけれども、私は東京外語大学の研究所（アジア・アフリカ言語文化研究所、通称ＡＡ研）勤めでございますから、中沢新一助手と同様、全然教える義務はないものですから、学生に教えた経験はあまりないんです。去年（平成三年）から非常勤を頼まれて、去年は二つ、今年は一つの大学で教えていますけれども。その場合でも、でき合いのものを教えるというのはあんまり好きではないので、多少混乱しても、自分がいま作りつつあるもの、これにどうやって形を与えていくのかということに学生を巻き込もうと。講義というのはそういうものであってもいいのではないか。でき上がったものの知識を覚えるとか裨益するとかいうのではなくて、いかにして知識の体系というのはでき上がっていくのか、混沌としたもののなかに来るべき知の潜在型を探っていくというプロセスに一緒に巻き込まれてほしい。文化のダイナミックな部分というのは、渾沌と形をもっているものとのせめぎ合いの関係で成り立っている。だいたい古本屋さんの魅力というのは混沌に直面する魅力ですから、入った瞬間にバァーっといろいろあって、そのうちだんだん形をなしていく、そういうふうなことを繰り返していく、という魅力であります。

ところで、その例として、先々週の「神田古本まつり」のときに、露店のほうは普通の人が沢山いるから避けまして、古書会館のほうへ行ったわけなんですが、そのとき私は勘違いしまして、目録は出ていないと思っていたんです。ところが後から気がついたのですが、古書会館で開催しているほうの厚い出品目録が届いていたんですね。私はこれを露店市の目録だと思って、見てもあんまりいいものは入ってないんではないかと見ていなかったんです。

それで、この坪内君と相談して十一時半に出かけたわけです。私も十時に飛び込んでいくということを三十年前、まだ木造の古書会館のときは何回かやりましたけど、近頃は全然やらなくなりました。確かにせどり〔転売を目的として古本を買い、購入価格よりも高く売り捌くこと。〕も沢山いるかもしれないけれど、飛び込んでいくというのは、だいたい家にいると追い出されてしまうヒマでたまらないおじいさんたちもたくさんおりまして——私もだんだんその仲間に入っていくわけなんですが——、五十円、百円の安い本を得るためにゴツンゴツン人とぶつかるのが趣味で、スキンシップを求めている人が大勢いる。そのスキンシップを避けまして、まあ私もこれから寂しくなったら買うものがなくてもゴツンゴツンすることになると思いますが……。十一時半頃行っても、そういうゴツンゴツンの方々はある程度以上に高価な本には手を出さないということを知っていますから、こちらが探している本は残っているという自信みたいなものはあります。

まあ、古書の世界に入ると殺人も犯しかねないと言われますけれども、私も結婚して三十年以上になるんですが、他のことでは家内に嘘をついたことはないんですが、古本屋さん回りをするようになってからは、嘘をつく。あらゆる悪事の限りを尽くして、このテクニックを女性に利用したら、相当のドン・ファンになれるのではないか、という状態になっております。

先々週の古書展ですね、そのとき手に入りましたのが、この『風俗』です。この『風俗』にかかわる話は後ほどいたします。それから『集古』、これはサンプルとして持ってきたんですが、そういうものが手に入りました。私が探していた知の枠組み《パラダイム》にピッタリ入ってくるような本が多いわけですから、そこでこれを、私がどういうふうな形にしようとするのか、その手つきを、これからお話ししようと思います。あまり手の内を古本屋さんの前で明らかにすると、なにか武器をそっくり明け渡してしまうのではないか、自ら武装解除されるポル・ポト派の軍隊になるんじゃないかという感じがちょっとするので、忸怩《じくじ》たるものがないわけではないんですけれども……。

キリスト教と民俗学の開拓者・山中共古

そこで、どこからお話ししていくかということになりますと、いろいろと名前が出てくるんですけれども、山中共古あたりから年代的に追っていこうと思います。山中共古というのは、私も長い間あんまり関心を持たなかったんですね、柳田國男の『石神問答』（聚精堂、明治四十三年五月）で、手紙のやりとりをする相手であるということ以外のことは。しかし、何となく気にはしていたから『甲斐の落葉』（郷土研究社、大正十五年十一月）とか、そういうものは自分のところに買ってはあったけれども、自分の枠組みのなかに入ってくるとは思っていなかったのですね。ところが今、私は静岡県立大学で週一回非常勤で教えていまして、それで静岡関連の話をするからといって、渋沢栄一が静岡に行って会社組織を初めて作ったときの話とか、磐城で落城して父親を見失った天田愚庵が山岡鉄舟の紹介で清水次郎長の養子になって、富士山麓の開発にあたって、清水次郎長の伝記を残し、京都に去った。その伝記が『東海遊俠伝――一名次郎長物語』（与論社、明治十七年四月）ですね。今の任俠伝の、清水次郎長の話のもとになった、というような静岡に関係する話をいろいろしているんです。

この山中共古は、藩校にクラークとかが米人宣教師や先生として来ていたにもかかわらず、静岡でいわゆる教会を始めた人ですね。静岡そのものは民俗学でたいして問題になるものはないんですが、静岡時代の山中共古という人については、太田愛人さんが築地書館で『明治キリスト教の流域――静岡バンドと幕臣たち』（昭和五十四年三月）という本を書いていまして、その第六章「民俗学の開拓者　山中共古」に伝記の形で、キリスト教の開拓者としての山中共古と民俗学の開拓者としての山中共古、というふうなことを述べております。

『甲斐の落葉』は昭和五十（一九七五）年九月に有峰書房から再刊されていますが、そのなかで山中共古の伝記を書いているのは中沢厚です。中沢新一のお父さんですね。中沢新一の曾祖父（中沢徳兵衛）が山中共古によって洗礼を受けた人なんですね。ですから、中沢新一のお父さんと中沢が民俗学をやる源泉として、山中共古がいるということなんです。中沢厚は他に法政大学から『つぶて』（昭和五十六年十二月）や平凡社から『石にやどるもの――甲斐の石神と石仏』（昭和六十三年十二月）という本も出している。つまり石に関心を持った民俗学者であるわけで、息子によると、中沢厚の妹が網野善彦の奥さんですから、学者一家なんですね。お祖父さんの中沢毅一は生物学者で、一高の教授をやったこともある。私設の駿河湾水産生物研究所も作っていて、荒俣宏氏の『大東亜科学綺譚』（筑摩書房、平成三年五月）の中に一章（「大和魂を科学した人――駿河湾の生物学者・中沢毅一」）が入ってる。そういう一家なんです。

中沢のお父さんの書いた「共古先生略伝」（『甲斐の落葉』所収）によると、彼は嘉永三（一八五〇）年に徳川家の御家人の子として生まれた。そして昭和三（一九二八）年に四谷で七十九歳の天寿を全うした。それで山中家はどうも服部半蔵の末裔であるらしい。そういうことで共古は元治元（一八六四）年の八月、江戸城内の和宮様広敷添番《かずのみやさまひろしきそえばん》に十五歳で登用された。明治元（一八六八）年に静岡に移って、静岡藩英学校教授を命ぜられ、英学校教授ということで宣教師D・マクドナルドなどの通訳をやっていたわけなんですね。その後、山梨の甲府に五代目の牧師として行く。そのときに書き集めたものが、この『甲斐の落葉』として出るわけですけれども、山梨に行くことによって突然民俗学に関心を持ったわけではなくて、その前に松浦武四郎、北海道探検で有名ですね。その松浦武四郎は蝦夷ばかりではなく、考古学が好きで、古銭とかいろいろなものを集めていた。そのものを集めるクセというのを松浦武四郎に教えてもらった。それでのちに、坪井正五郎が提唱した日本先住民＝コロボックル説に対して、アイヌ説で議論するだけの力をつけた、というようなことがあります。静岡から東京に戻ってきてから、集古会にも参加しています。その「集古会」というのは、坪井正五郎の提案でできた会なんです。ここにはいろいろな人のネットワークが流れこんで来ている。そのネットワークの源泉というところを辿ってみますと、話がちょっとまた他へ逸れていくんですね。

この共古に『共古日録』という日記があって、広瀬千香さんという人がこれを調べて、『山中共古ノート』（青燈社、昭和四十八年六月～昭和五十年六月）として全三集で出したわけですが、『共古日録』には「共古の最も親しい友人の一人、三村竹青《ママ》などが直に加筆している」（「共古先生略伝」）〔三四頁〕ということであります。そうすると、この三村竹清――中沢厚は「竹青」と書いていますが「竹清」が正しい――という人は、大正五年九月の『風俗』の創刊号を見ますと、その同人の中に林若樹、山中共古、赤松範一、三田村玄竜――鳶魚ですね――、そして三村竹清と名前が出ているわけです。この人たちは非常に仲が良くて、私は赤松範一という人はよく知らないんですけれども、いずれ趣味としての江戸研究者の一人であるということになると思います〔赤松範一は、幕臣・赤松則良の長男。実業家、貴族院議員も務めた。〕。そこで、この三村竹清、この人がこの辺の関係を説くのに林若樹のことを述べています。林若樹は、『風俗』と同様に、この『集古』の中心人物であった。集古会は、大正十二（一九二三）年の時点では、同人として市島《いちしま》謙吉（春城）、内田貢《みつぎ》（魯庵）、三村清三郎（竹清）、林若吉（若樹）、安田善次郎（二代目）などがいました。この安田善次郎はたいへんな蒐書家であったことがよく知られています。兎も角そういうふうなグループがありまして、この『集古』の大正十三年四月の号（甲子第二号）に会員名簿が出ているんですが、これを見ていると実に面白いんですね。まず賛助会員では今泉雄作、コレクターです。それから大槻文彦と並んで大槻如電《じょでん》が出ています。

隠逸の人・大槻如電

大槻如電については『へるめす』のシリーズ〔のちに『「敗者」の精神史』としてまとめられた。〕でも触れていますが、よく資料が集まらなかったんですけれども、少しずつこの関係で出てくる。大槻如電はご存知のように、まあこういうところでこういうことを言うのは釈迦に説法なんで恥ずかしいんですけれども、大槻磐渓の倅です。磐渓が奥羽越列藩同盟の参謀格になったものですから、参謀格というよりも主命によってで、そのために二年間牢屋に入れられて、明治四（一八七一）年に出てきた。息子の如電のほうは官には仕えています。何故かというと父親の冤罪を晴らして牢屋から出すためで、一生懸命やって冤罪を晴らした。それとともに自分の修史、歴史編纂官の役割を弟の文彦に譲り自分は隠棲して、大正から昭和にかけて完全に遊び人として暮らした。だからもう完全に薩長のヒエラルヒーには、絶対に入らんという志で生きていた。幇間になれば松廼《まつの》家《や》露八みたいになっていたと思うんです〔幕臣から幇間となった松廼屋露八は実在の人物。吉川英治が虚実を取り混ぜて小説『松のや露八』の主人公としたことで知られる。〕。そういうふうな人ですね。それで如電は昭和六（一九三一）年に死んだ。昭和六年というのは私が生まれた年ですから、私は大槻如電の生まれ変わりかななんて思うこともあるんですが、まあ話をそこまでいいかげんにしないほうがいいでしょう。

それで、如電という人はエピソードではずいぶんいろいろ知られているわけです。この人は洋楽の目録などもつくっていまして、私も『日本洋楽年表』くらいは持っていますが、根岸の付近に住んでいて、相当辛辣な人物であったらしい。寸鉄人を刺すというようなことで、どんどん人をおちょくっていく、そういう人だった。それから長唄の歌詞を作ったり曲を作ったり、編曲したり、そういうことの業績も残っているらしい。このあと詳しくお話しする林若樹に言わせると、如電さんのところに行ったら非常にいいことを言ったという。「復軒先生――虚子先生著『杏の落ちる音』余談」（『集古随筆』大東出版社、昭和十七年十月所収）のなかでこう書いています。

上野の時の鐘は黄鐘《おうしき》調？　である。夫れに三絃の調子を合せて置くと、上野の鐘が鳴り出すと自然に三絃は友鳴りをはじめる。此事を同朋町の一老妓に伝えると、或日先生の宅へ其老妓が鳴り出しました〳〵と言つて怒鳴り込んで来た。何が鳴り出したのかと思ふと先日話した上野の鐘の調子に合せて置いた三絃が今日始めて友鳴りをはじめたので、嬉しさ

のあまり報告かた〴〵先生方へ駆け込んだといふ始末であった。〔二〇三〜二〇四頁〕

京都では最近、中川真さんという人が『平安京 音の宇宙』（平凡社、平成四年六月）という本を出して――音楽学の人ですが――、この人が京都の風水論に従って、四隅にあるお寺の鐘のピッチが風水論的にアレンジされていることを明らかにしましたね。なんとか調とか雅楽にありますね。それに合わせてそれらの鐘は調性されている。それが上野の鐘もそうだということは、その後の東京を論じている文献では出てこないんです。如電は、自分はその鐘の音に合せて三味線を調律しているから、鐘が鳴るとそれに三味線が共鳴してビュルンビュルンと鳴ると言っていたと。感心させてばかりでは悪いから、自分の三味線を聞けというので聞いたら非常に下手くそだった。これなら説だけで三味線は聞かないほうが良かった、と林若樹はその随筆で書いています。でありますから、近代最大の隠逸の一人だという感じですね。韜晦で自分を隠してしまったというふうな人であります。で、もちろんすごいコレクターだった。

その他にも、いわゆる普通の端的な意味で偉くなった人、偉くならなかったけど面白い人、そういう人がいろいろ入っております。例えば藤井乙男、佐佐木信綱、三上参次、巌谷《いわや》季雄、これは小波《さざなみ》ですね、それから歌舞伎作者の伊原敏郎、林若樹ももちろん入っています。それから橋本進吉先生がこの集古会の仲間に入っているというのは意外ですね。西沢笛畝《てきほ》、人形研究の日本画家ですね。それから方言研究の東條操。沼田頼輔、この人は山中共古に非常に近い人です。その他に明治研究会の尾佐竹猛《たけき》がいます。鋳金家の香取秀真《ほつま》、この人は田端に住んでいた。田端芸術家村の住人の一人である。それから勝俣銓吉郎、早稲田大学の英文学英語学教授です。こういう人が入っているのも面白いというか意外である。武内桂舟、巌谷小波の挿絵をずーっと描いているこの人はいろいろなところに出入りする面白い人である。それから田部隆次なんて人もここに姿を現わしている。他にも内田魯庵が入っておりますし、久保田米斎、米僊の息子でやはり江戸研究に深い関わりがある。久留島武彦、巌谷小波の仲間でお伽話の研究家です。それから柳田國男もこのなかに入っている。柳田國男というのはだいたい大正時代を通じてそんなに冴えなくて、このなかでは埋没しているってことは言えると思うんですね。

安田善次郎も入っている。山中笑。この辺の会のメンバーは錚々たるもんですね。山田孝雄。幸田成友、これもこの会の主要なメンバーだった露伴の弟。それから嬉しいことに淡島寒月が入っているんですね。斎藤隆三、江戸研究家であって、河童の絵を描いた小川芋銭《うせん》の本（『大痴芋銭』創元社、昭和十六年七月）を書いた人、あるいは『日本美術院史』（創元社、昭和十九年三月）を書いた人として知られていますけれども、もともとは江戸、元禄の研究者であった。明治四十三（一九一〇）年頃、三越ルネサンスとも言うべきときに、元禄ルネサンスの張本人になったのはどうも斎藤隆三ではなかったかと、私は思っております。その他には結城素明。それから三村清三郎が入っています。それから水谷弓彦、これは不倒のことですか？——会場から「そうです」の声――だんだん記憶係が増えてきた。この次の五反田古書展のときに名前を忘れたら、「誰かこの名前知らないかぁー」と言いますから、お答えいただきたいと思います。カウンターの向こうから、「それは誰々だぁー」とね。だんだん魚河岸の競り市か株式市場の雰囲気になってくる。古書展の祝祭化というのはこういうものです。

会員名簿の話を続けましょう。平福百穂《ひゃくすい》が入っている……というわけですね、夢のようなメンバーが入っているわけです。

玩具博士・清水晴風

そこで、こういうふうな関係から出てくる人間の中から、まず私が引き出していきたいのは、三村清三郎、それから林若樹です。その前に、林若樹について、出ていることは知っているけれど読んでいる人はたぶんあまり多くないんではないかと思われる『日本書誌学大系』の第二十八巻として森銑三、肥田皓三、中野三敏編で『林若樹集』（青裳堂書店、昭和五十八年四月）というのがあります。これは大系の中のたくさんある本の一冊ですから、特に注意して見る人はあまり多くないと思うんですが、これを私は先週の土曜日に買いまして、一週間ひっくり返して見て驚いて興奮していたわけです。ですから先々週のこういう雑誌を集めたちょうどそのあとに『林若樹集』が手に入ったのは、たまたまの偶然なんですが、ひとたび私の目に触れたとたんに、本はすっかり姿を変えてしまう、同じ本ではなくなってしまうということです。女性に対してもそういうことが言えればいいんですが……（笑）。

この林若樹なる人物について、何年に生まれて何年に死んだということはよく分からないんです。この本には年譜が入っておりませんから、幕末に生まれて昭和のはじめに死んだぐらいに思っていただきたい〔現在では、明治八年一月十六日生まれで、昭和十三年七月十二日に亡くなったことが判明している。〕。この林若樹が山中共古とも極めて親しかった。林若樹が、一種のネットワークですね、大正から昭和にかけてのいちばん面白いネットワーク、ひとつのクラスター（束）の中心にいた人であるという感じがあるわけです。それについていろいろな人が繋がってくるという、昭和の初めになると斎藤昌三とか、梅原北明とか、意外なところに移っていくということがあると思うんです。じゃあ、明治のはじめの頃には、それは誰だったのかというと、林若樹のこの本の「若樹漫筆」の中に、清水晴風についての「晴風氏談屑」（初出は『集古』壬子巻弐、大正一年九月）というのがありまして、晴風の変わったところを記述している。

『月刊Asahi』（第四巻第七号、平成四年七月）が「20世紀日本の異能・偉才一〇〇人」という特集をして三日で売り切れたというので、『月刊Asahi』というのは、読む人が少ない雑誌でしたから今年の五、六月で潰れるはずだったのが、それが出たので延命されて同じ形としては来年の一月号まで出ることになりました。そこで柳の下のドジョウを狙いまして、谷沢永一・山口昌男対談というかたちで、今度は「日本近代を読む［日記大全］」（第五巻第一号、平成五年二月）という特集を組んでやりましょうという企画で、仕掛人はこの坪内でございます。これからの古書界の動向は坪内がかなり左右しているところがありまして、日記はかなり値上がりするかもしれません。この「異能・偉才」は私が私の周辺の先輩として仰ぎ奉っている関井光男さんと谷沢永一さんという人の協力を得て、坪内の仕掛けでやったんですが、三人とも少し手を広げすぎたかなと反省している。お互いに会うと、どうも本が一割くらい高くなっているような気がする、というようなことで、喜び合っているわけです。

先ほども申し上げたように、今回のテーマは「日記」で、谷沢さんとまた対談（「イデオロ

三村清三郎
（1876-1953）

林若樹
（1875-1938）

ギーの時代が終わったいま「日記」こそ歴史をひもとく最適のメディアだ」のちに山口昌男『はみ出し《ステップ・アウト》の文法――敗者学をめぐって』平凡社、平成十三年三月に収録）をやったんですが、前ほど談論風発ではなかった。まあ、あの先生のことだからやられたと思ったらやたら書き込むだろうと思います。あれだけ本を持っている人間に書き込まれたら原形をとどめなくなっちゃうだろうけど、それはいいと致しまして……。

清水晴風の話に戻しましょう。今ぼくね、話していてなんで谷沢永一のことを出したのか忘れちゃったんですが（笑）、考えてみたら要するに……うーん、また忘れちゃったですね。思い出したら言いますよ（笑）。清水晴風ですね、明治から大正にかけての趣味としての人形研究、人形というより玩具《おもちゃ》ですね、玩具研究の台風の目であった人であります。集めるという行為は、江戸時代に蓄積された最高の知的技術の一つでありまして、そういうもののひとつが、荒俣宏さんのように博物学の方へ行く場合もある。それから今度はいわゆる玩具へ行く線もあるけれども、清水晴風は玩具ですね。えー、忘れないうちに思い出したんで言いますけれども、谷沢氏がですね、日記の側面、近代といえども『今昔物語』やなにかのように書き留めるという伝統ですね、それが日記の中に残っているというなかなかいいことを言ったんですね。

それで、林若樹はですね、清水晴風の言ったことをそのまま書き留めている。それは確かにエピソード＝挿話を書き留めるという日本の伝統に則っている。この中（「晴風子談屑」）で清水晴風が言っていることを紹介します。この人は絵を描いていたんですね。

私は元来絵を習つたことはないので、自己流で描き出したのです。或時、先年死んだ三代目の広重が来て、弟子といつチヤー何んだけれど、社中になつて呉れといふので承知をすると、私に重春といふ名を呉れた、それから錦絵などに広重門重春など、署名して出した、つまり自分に弟子のあるのが吹聴したかつたのです。此人は頭のない人故、少し困難な絵になると、何時も私のところへ知恵を借りに来る、つまり活きた粉本にされたのです。〔四八七頁〕

この坪内君みたいな役割を果たしていたわけですね（笑）。

それから私が玩具の好きになつたのは忘れもしない明治十三年三月六日に、向島言問岡

清水晴風
（1851-1913）

の業平堂の側の貸席で開いた竹馬会からです。〔四八七〜四八八頁〕

私はこれがもう決定的な日本近代の紀元元年ではないかと思うわけです。この会は連中一同一日子供になって遊ぼう、というので催したんですけど、会の主は竹内久一《たけのうちひさかず》のお父さんです。竹内久一の名前にすぐピンとくる人も多いと思うんですけど、のちに東京美術学校（現・東京芸術大学）の彫刻の教授になる人です。完全に親の代から遊び人です。江戸の遊び人仲間にものすごく広いネットワークを持っていた人なんです。

それで「出席者の今記憶に残つて居るのは、久一さんの親父の竹内梅月、柳亭燕枝」――この人はよく知らないですね――「中川才麿」等々とあります。

其日の趣向をいふと、玄関前にはドン〳〵橋が造つてあり、柱には為朝大明神や馬の字の三つ書た紙が貼つてあつたり、庭には穴一の筋が引てあるといふ風で、先づ玄関を上ると草履かくしだといつて履物をかくされるやら、座に就くと御茶坊主の趣向でお酌人が目陰《か》くしをして御茶を出したり、銘々に紙をつきつけて御席書をやらせる、久一さんの彫つた銘々の三文判を貰つてそれに捺すやら、遊食の課題も凡て子供遊びの趣向でした、今でも最妙だと思つて覚えて居るのは、大根おろしや海苔や菊で只しんこを利かせたのです。其席上の余興に古い玩具や地方の玩具をならべてあつたが、これは面白いと感じて、それから玩具を集め出したのです。〔四八八頁〕

これがすべてのもとで、竹馬会というのは、古くさいようで、いわゆる江戸の名残りを留めているいちばん上等なところである向島で、江戸的な世界を再現する試みでもあった。

結局、人形、玩具ですね、そういうものを集めていると、その背景になる地方の風俗とか文化に関心を持ってくる。そうすると日本のものばかりに満足できなくなって、外国のものも集め出してくる。淡島寒月の場合がそうです。自分の親父から貰った家の部屋いっぱいに世界中のものを集めてノートに取り出して、そのノートが天井にまで積み上がるぐらいにまでして、それを関東大震災でみんな焼いてしまって、元気がなくなって死んでしまった。そういう気の毒な運命を辿った人ですけれど、あの人が生きていたら、柳田國男なんてのはあんなに大きな顔はできなかったのではないか、関東大震災は柳田國男に幸いした、そういう感じなのです。ですから、面白い部分は燃えて灰になってしまったんですよ。それで柳田國男がやった真面目な部分だけが残ったと。

こういうことは一見、古くさいようだけれども、画期的なことであった。これは日本だけで、私がイキがってこんなことを言っているのかというと、そうではない。去年の九月、私はベルリンの日本文化研究大会でカラクリのことを講演したんです（「歌舞伎・からくり・身体」『山口昌男ラビリンス』国書刊行会、平成十五年五月所収）。それを聞いてすごく面白いと言ってくれたフランス人でヨゼフ・キュブルツという研究者がくれた抜刷（Kyburz, Josef A. "Omocha: Things to Play (or not to play) With" Asian Folklore Studies, Vol.53, No.1 1994）が、玩具についてのものなんです。この人は現在フランスのチャキチャキの宗教学者で、学生の頃日本に留学していて中沢新一と同級生で友達だった。そういうふうに、人はみんな繋がっているんです。そのときの彼の発表も玩具についてだったんですが、要するに、日本の明治のはじめにいかにして玩具というものが独立してきたか、ということですね。それまでは玩具は信仰の対象、縁起とか縁起物として存在した。そのなかから明治以降それを集める人たちが出てきた。そういう形で、集める人というよりも、玩具自体が子供たちのためのものとしてだんだん限定されてくる。信仰から玩具へ、ということに関心をもっているんですね。それでこの竹馬会にも触れているんです。

私が気がついたからよろしいけれども、今の日本の民俗学者なんかはこういう竹馬会の重要性にぜんぜん気がついていないから、下手をして私のような人間がアフリカで内乱かなんかに巻き込まれて死んでしまったら、フランスのキュブルツに日本の学者は教えてもらわなくてはいけないという羽目に陥っていたかもしれない、ということになります。何故、私がこのことを強調するかと言いますと、こういう古書籍の人たちの集りのなかでも本日の会は、竹馬会の第一回に相当するんじゃないかという意気込みをもっているからで、ついそういうことも言いたくなってしまうんです。

清水晴風はこの竹馬会に参加していました。その清水晴風はもともとどんな生まれで、どんなキャリアであったのかということをお話しするために、清水晴風の本を持ってこようと思って用意してあったんですけれども、忘れてきたみたいです。『神田の伝説』（神田公論社、大正二年十月）という神田についての本なんです、古書展で買った本で、何かのときに役に立つことがあるだろうと思っていたんです。ここに「清水晴風翁小伝」がついているんです。本当は役立つ機会というのは、本日のような機会であるべきなんですけれども、そういうときには忘れてくるようにできているんです。今朝の三時に出して置いたんですけどね。今日はこれを持っていってじっくり自慢しようと思っていたんですが……。

清水晴風は神田で生まれて、神田で、ジョージ秋山のマンガ『浮流雲《はぐれぐも》』の主人公みたいな仕事をやっていた。自分でも荷物を運んでいたので、力競べのコンテストみたいなもんで優勝したこともあるくらいの力持ちだったといいます。神田の歴史にもめっぽう詳しかった。

この竹馬会を機会に、玩具を集めてはどんどん描いて、それを『うなゐの友』という本にまとめた。京都の芸艸堂《うんそう》からシリーズで出しています。非常にきれいなもので、すごく高い本です。京都に行ったときに、日文研の学生に「芸艸堂ってどこだ、教えろ」と言って一緒に行ったら閉まっていました。せっかく名刺を持っていって配ろうと思っていたのに、残念ながらできなくなってしまったんです。

ところで清水晴風の『神田の伝説』に、千社札の起源とか、千社札を配る習慣の起源とかいろいろ面白い話が書いてあるんですが、そういう意味では、清水晴風は集めるというコレクターとしては中心的な存在で、その隣りに淡島寒月みたいな人がいた、ということになると思います。

そういう人の流れが、明治三十八（一九〇五）年には「流行会」が成立して、そこで子供ですね、三越で児童《こども》博覧会をやるときのブレーンになっていった。この「流行会」について私は『へるめす』に書きましたので、そういうどうでもいいものは忘れないで持ってきているはずですが、ここに「近代におけるカルチャーセンターの原型――文化装置としての百貨店の発生」という題で、この三越の会のことを書いています（のちに『「敗者」の精神史』に収録）。

巌谷小波が組織人になっていかにしてこのような会を作ったか。巌谷小波はお伽噺で知られていますが、文化的な仕掛人としても大きな役割を果たしている。小波も馬の玩具なら何でも集めていたということでありますけれども、清水晴風の場合は日本全国を対象にして玩具を集める、そういう子供に帰るという精神ですね。大人というものの世界は薩長的なものによって独占されている。であるけれども、子供のものというのは別にただ鑑賞的なものであればいいというものではなくて、大人が失ってしまった想像の世界で遊ぶ力を、子供はフルに生かして生き生きとした自分たちの文化を作り出してきた。むしろその子供にあやかろうというぐらいの気持ちがあるわけです。

ですから最初のときは「竹馬会」という名前をつけていた。そこから流れてこの「流行の会」、その人たちとは分れて、今度は子供に対して大きい子供ですね、「大供の会」というのを作ったわけです。『大供』という雑誌まで出した、という流れの中で『集古』とか、『風俗』という雑誌が出てくるわけです。その『集古』にも『風俗』にも淡島寒月などが関係していました。

奇人・淡島椿岳

淡島寒月はあまり文章を書かない人ですけれども、斎藤昌三が編集して書物展望社で、本好きがしびれるような『梵雲庵雑話』（昭和八年十一月、のちに増補して岩波文庫、平成十一年八月）という本を出しています。内田魯庵も「集古会」の重要なメンバーであるから、そういうふうな関係でこの本には魯庵の淡島寒月についての随筆（「淡島寒月翁のこと」）も載っております。魯庵はその寒月のお父さん・椿岳についても書いている（「淡島椿岳――過度期の文化が産出した画界のハイブリッド」『思ひ出す人々』春秋社、大正十四年六月所収、のち『新編 思い出す人々』岩波文庫、平成五年二月）。こうした知的な遊び人ですね、これがまったく自分たちの世界を築き上げていたわけです。例えば淡島寒月と今泉雄作、この人は集古会の同人として出てきましたね。この二人が『彗星』第一年第四号（大正十四年六月）で対談したのを林若樹が記録している（「二老譚」）。面白いところを紹介しましょう。ここで○というのは雄作、△というのは寒月です（山口さんは『林若樹集』から引用しているが、この本は編集ミスで一部抜けている箇所があるので、ここでは初出の『彗星』から引用した。）。

△親父の椿岳は明治初年に、奥山の今の丁度水族館の後あたりの処へ、万国眼鏡といふ覗き眼鏡の見世物を開いたが、其時は西郷さんが「ばんこくめがね」と仮名で額を書いて、西郷吉之助として署名して下さつた。（二一頁）

また、例えば「△眼鏡を出すとき奥山は新門辰五郎の縄張内だが水戸様御用を看板にしてビクともしなかつた」（同頁）という箇所があります。椿岳は江戸の近辺の生まれではあるけれども淡島屋に養子入りして、このお菓子屋は非常に儲かっていたので悠々とした生活をしていましたが、趣味で侍の株を買って侍をやったことがあって、水戸藩の藩邸に出入りしていたから、水戸様御用の看板を出してビクともしなかった。だから新門も手をつけられなかった。

「実は維新後親爺はあの辺の地面を伝法院から只で借りて居て、夫れを又貸しをして地代を取つて居たのです」（同頁）。そういう親父だったわけですね。

それで「淡島堂へ這入《はい》つて灸点を下ろしたり御雛様を出したり、いろ〳〵なことをしましたが、晩年は伝法院の御弟子になつてホントの坊さんになりました」（同頁）と。

○あの時分の暢気な気分はどうも今の人には判らぬ。殊に椿岳さんなんぞは当時でも変り

依田学海
（1834-1909）

物だから今の人との距離は大変なものだ。椿岳さんは維新前から変つて居て、家へ行くと座敷に甲や冑が飾つてあつて敷皮の上にドッカと坐つて居るという風で、私の親爺なぞは小林定《ママ》三〔椿岳の別名、小林城三の誤り〕の処へ行くと丸で落武者の様だといつて居た。（中略）

△それで居て夜になると妾に三味線を弾かせて一緒に清元の流しに出たもので、往来で天麩羅でもなんでも立喰するのが道楽でした。〔二二頁〕

この椿岳のことは、明治の大漢学者、依田学海が日記の中でしばしば触れています。岩波から『学海日録』というのが出ていますけれども、これとは別の日記があるんです。『学海日録』（全十一巻＋別巻、平成二年十一月～平成五年六月）には「墨水より帰る」と何度も書いてあって、その「墨水」って何のことだかどこにも書いてないわけです。

実は、その「墨水」というのは向島のお妾さんのところのことで、そこに行って四日くらい居て帰る。そのお妾さんのところで別の日記を書いていた。それが吉川弘文館から出たんです（『墨水別墅雑録』昭和六十二年四月）。それはお妾さんに読まれないように漢文で書いてある。漢学者であるからお手のもので、それが昭和五十八（一九八三）年に韓国外国語大学校の図書館で発見された。この大学に客員教授として行っていた今井源衛さんが偶然にそれを発見し、翻字して出版されたんです。その中に椿岳がよく出てくる。二人は親友だったんですね。学海は椿岳のことをこんなふうに書いています。

午後椿岳来る。椿岳は豪奢、処女を娶りて妾と為し、其の数を知らず。居ること久しき者は二年或は二年或は一両月、甚しきに至つては三両日は去らしむ。今六十五。流落の間、敢て前日の旧態に復せざる也。然れども胸襟脱洒、殆んど禅理を悟る者に似るも亦奇人也。〔五五頁〕

ここに「奇人」とあるように、椿岳その人が非常に変わった人間で時代を超越して維新を生きのびた人なんですけれども、薩長的な作られ方をした秩序の中に全然入っていこうとしなかったんです。

林若樹のコレクションのなかには、この椿岳の絵も入っています。椿岳は南画の系統ですからそういうものが多いんです。林若樹は、人形に対する興味を清水晴風に教えられたということが示すように、『林若樹集』に入っている『林若樹氏遺愛品入札略目録』を見ますと、「清水晴風自作雛人形百種共箱入硝子飾棚付」〔六五五頁〕、というふうなコレクションが入っている。それから清水晴風所蔵の「珍具珍奇品 数百点」〔六六五頁〕、及び「郷土玩具 数百点」〔六六五頁〕そういうふうに玩具蒐集に対する清水晴風の直接の後継者という感じなんですね。

それから絵のコレクションの方は『馬の春』というタイトルがつけられているんですが、「淡島椿岳大津絵春画草稿」〔五八四頁〕なんていうのが入っているんですね。その横に「三代目広重春画草稿」〔五八四頁〕というふうに書いてあります。これは清水晴風のところでお話しした三代目広重ですね。「淡島椿岳筆忠臣蔵春画」〔五八七頁〕というのもありますが、椿岳ならこういうものがいくらあっても不思議ではない。

林若樹の思い出

そういうわけで、だいたいコレクターはですね、林若樹のコレクションからも分かるように、コレクションをやっていると必ずセックス、性的なものに突き当たるから、それを集めるか捨てるかどっちかだと思うんですけど。大学の偉い先生は絶対に集めないとは言えないという話を、以前東北帝国大学附属図書館にいた常盤雄五郎という人が『本食い虫五拾年』（仙台昔話会、昭和三十一年十二月）のなかの「内閣文庫のこと」のなかで、あの一高校長だった狩野亨吉《こうきち》が死んだときに、その蔵書が東北帝国大学に入った話のなかでこんなふうに書いています。

そのころ柳田〔男國〕先生から、狩野亨吉博士の蔵書を引請けてくれるところがあるまいかとの話が出ているると承つた。それが東北帝国大学現蔵の狩野文庫であるが、当時で三万円という金額なので各大学とも欲しいにも名案も浮ばなかつたらしく、遂に郷土出身の実業家荒井泰治氏の篤志によつて東北帝国大学に寄付せられ、かの戦禍をも免れ、今日あるを得たのは天佑というべきであらう。

その折、世にいう好色本の珍籍が、大きなシナカバン二箇に詰めてあつたが、こんなものは大学として受入れるべきか否かとの評議の結果、返還することに決つたそうだ。いま存在していたらすこぶる貴重な研究資料であつたろうと、このことを知る人々より非常に惜しまれているが、その後の消息を知らない。〔二一～二二頁〕

コレクターにもいろいろのタイプがあるけれども、昭和五（一九三〇）年あたりを境として、それ以降に生き残ったコレクターのセクソロジー関係というのは、何となく陰惨な感じがするんです。笑いがない。ところが大正から昭和のはじめというのは、林若樹にしても、上質のユーモアの延長としてのグロテスクの面白さということでコレクションしていた傾向がある。その面白さはだいたい昭和五年くらいまででおしまいなんじゃないか。斎藤昌三とか梅原北明みたいな人がセクソロジーをやっていた頃には、極めて陽気な笑いというなかに入ってやっていたんだけれども、ファシズムと軍部の専横が始まってくると、それに対する弾圧も厳しくなってくるから、梅原北明みたいな人は益田太郎冠者、帝劇の重役のロールスロイスを借りてそのなかで『グロテスク』とか、ああいうエロがかった雑誌の編集校正をしていたというんですけれども、そういうのは例外で、だんだん暗くなってしまった。

われわれが参加して、こういうエロ本のコレクションをもう少し明るくしたいんですけれども、もう手の出しようもないほど明るくなっちゃってるから、これはもうルネサンスはちょっと難しいでしょう。

そういうふうにしてですね、この清水晴風の系譜が林若樹に受け継がれていく。林若樹の人柄については、いろいろの人が書いたものが残っています。外国語の本もやたら読んでいたらしい。そこがやはりちょっと違うところで、山田清作という人が、「林さんの片影」の中で「林さんの渉獵は版本、自筆本、写本乃至書画器物人形玩具から、和漢の考古遺物、郷土資料、果ては横文字の洋書にまで伸び、英仏は勿論伊太利あたりの古書を、辞書と首ツ引して拾い読されて居るのを見受けた事があります」〔六八〇頁〕（『稀書複製会々報』昭和十三年九月、『林若樹集』に収録）と述べています。ということで、コレクションする人の変遷ということが一つ言えると思います。

例えば、林若樹の場合は、山本東次郎の先代の山本東《あずま》について狂言を熱心に習っていたくらいだから、狂言についてもすぐれた論文を書いている。今の狂言研究者をして顔色なからしめるような文章を書いているんですけども、狂言研究者が逆に知らない。そういう人は聞いたことがないなんて言ってる、そういう現状であります。また、林若樹は外国語の本もどんどん読みましたから、外国語の本の名前もたくさん出てきます。こう言っては亡くなられた方に申し訳ないけれども、――中野三敏さんはまだ生きておられますけど――この林若樹の本は、外国語の名前やなんかの誤りがめちゃくちゃあるんですね。編者の一人である森銑三さんの江戸、明治に対する専門知識には私も敬服する、拝みたいくらいの人なんだけれども、ひとたび外国語が出てくると弱くなる。その人たちが編集している『林若樹集』、大家の非常に有り難いものであるけれども、そういう基本的な欠陥のあるものです。これは今だからこれでいいけれども、この頃外国人が非常にたくさん日本の研究に入って来ていますから、そういう連中にそれを指摘される恐れがありますね。そういうことは今のうちにちゃんと知っておいたほうがいい。古書を扱っている人たちはそういうことを知っておく必要がある。その意味でも今日は、記念すべきルネサンスである、ということになると思います。

林若樹は人柄も非常にアッサリした人で、生涯何もしないで、職にも就かない。大槻如電みたいな人なんですね。

山田清作の文章を続けます。

「ある大衆雑誌の記者が寄稿を頼みに行くと〔これはたぶん講談社のことですね〕私は君のとこの社長が大嫌いだ」〔六八一頁〕と一蹴のもとに拒絶されたといいますね。

「執筆どころか、その後はその社が発行する婦人雑誌も少年雑誌も、悉く家庭に入れなかったのであります」〔同頁〕とあるので、これはいかにも講談社という感じがします。講談社の社員に今度聞いてみます。学術部長の鷲尾（賢也）君にでもね。林の書いたものがひとつでも学術部にあったら十万円やる、なければ取るぞ、って。

そして、三田村鳶魚が林若樹の『集古随筆』に書いている「解題」には、「身体が弱いので学校をやめて、我儘気儘に暮した、林さんの識力は誰からも畏敬されてゐたのですが、その学問、その知識は〔ここが嬉しいんですが〕気の向いた方へ延びもし、拡ろがりもしたので、実は御道楽に過ぎないのです。御道楽なのですから、月給が欲しかつたり、博士になりたがつたりするのとは違ひます、〔今の日本の学者とは全然違いますね〕物を書くにしても気の向いた時に、書きたいと思ふことを書くので、御誂へによつて筆を持つやうなことはなかつた」〔一頁〕。企業のPR誌だったら原稿用紙一枚二万円だから書くというような情けないことはやらなかった、というわけであります。

「一体、収集によつて自家学問ではない御道楽を拵え上げる流儀なのですから、蒐集は書物図画だけでありません、たいへんな幅に拡がつてゐるらしい（中略）、生涯嫌な事を為ずに済した人といふものは、広い世間に余り多いとは思はれません」〔二頁〕というふうに、皆さん誉めている。

それから木村捨三《すてぞう》という人は、「林翁」（『集古』戊寅第五号、昭和十三年十一月五日、『林若樹集』に収録）でこう書いています。

林さんは機智に富んだ方で、毎年御親戚の順天堂佐藤氏邸で、一門の新年宴会が催される時に、その余興掛を引受けいつも福引でその題の奇抜なのがよろこばれたさうである。これもその一つで、山中共古翁の古稀祝賀会を集古会例会のあとで、例の無極亭で開催した時の菓子に、私が取計つて、金沢の名物森八の〔この店は今でも金沢にあります〕長生殿（紅白二種）を出した。その時林さんは翁のために述べられた祝辞の結びに、けふの菓子は長生殿、場所は無極亭、即ち長生無極この語を以て翁の健康をお祝ひいたします、と言はれた。〔六八四頁〕

こういうふうになかなか洒落た人だったわけです。

さてその次に、三村清三郎が書いている林若樹の思い出（「学兄林若吉君」『書物展望』第八巻第十一号、昭和十三年十一月、『林若樹集』に収録）、ここは一番のメインでしてね、これは非常に面白い、本日の頂点とも言うべきところです。

小人といふものがある、大人に対しての小人である、悪人とは違ふ、愚人では勿論ない、どつちかといへば、物もよく知つてゐる利口物だ。此の小人輩は、実は私も嫌だが、林さんは極端に大嫌であつた、私には小人輩を慴伏《しょうふく》する力も無いし、感化する徳も無いが、林さんは、彼等に畏敬され、又彼等を屈伏させてゐた。（中略）

本のすきな人にも色々ある。着もせぬ衣類を衣桁《いきょう》に充たして漫《ママ》足してゐる婦女の様な人もある。奇を積み珍を蓄へ他人に誇らんが為めの蒐書家もある、株の値上りでも待つ心の蒐書家もある。林さんは本もよく蒐めた、併しよく読んだ。風俗資料としての軟派はもとより唐本から西洋の原書、近い〔本岡〕一平全集まで蒐めてあつた、割合に蒐めなかつたのが、西鶴もの、蒟蒻本といふ遊里の事をかいたもの、浄土仏書、詩集で、よく蒐めたのが、能狂言の本、これは自分が山本東の弟子で大蔵流をやられたからであらう、書目の類、狂歌、これも樹々の若葉といふ名で狂歌はよく詠まれた。軽口咄の類、日記であつた。日記などは他人に見せるべきものでないから、随分乱れた字で書いてあつて読みにくい、それを林さんは善く読まれた、例の広瀬六左衛門日記〔これは私は知りませんが〕などは綿密に読んで、其探墓の記事に因つて、名人忌辰録へ紙を足して、すつかり書き入れてゐられる。独り日記計りでは無い、大かたの蔵書は、一遍通りは読了してゐる。よく原書を読んでは、横文字の読めぬ私に大意を話してくれくれした。〔六六九頁〕

まあ、そういうようなことが書いてあって、その後に「林さんのお父さんは、林紀《つな》、号を研海といはれ、三十九の歳に軍医総監で亡くなられてゐる」〔六七〇頁〕とある。ですから森鷗外の先輩ですね。「研海先生は十三で塩谷宕陰《しおのやとういん》の塾に入り、奇童の名を馳せ」〔同頁〕たと。

それから「十五年に研海先生は有栖川〔有栖川宮熾仁親王〕様が露西亜へ行かれるお供をして巴里まで行つて、病気をし六月三十日に巴里で亡くなられた。墓も巴里にある」〔六七〇頁〕とあります。

　林さんの座敷は、いつも書籍が雑然として堆積してゐた。病気にならぬ以前でも、主客相対して坐を占めるだけの空席しか無かつた。〔これは徳永康元さんみたいなものですね〕今の市谷仲之町へ移られた初は、階上の八畳は客間、隣室が書斎で、書斎の窓から富士が見えるのを喜ばれた。梯子段の上り端に、旨く本棚が嵌めこんで、必須の本が納まる様にしてあつた。その本がいつか書斎の方に溢れ、書斎が本で埋まつたので、座敷の方へ移されると、床の間の方へそろ〳〵本が積まれ出し、たうとう座敷が本で一杯になつてしまつた。今度はお庫へはいつて見たが身をせばめて梯子がやう〳〵登れるばかり、二間に二間半の石蔵が、ふくれる位本で詰まつてゐた。其本を余人にいぢられる事がいやで、誰にも手をつけさせぬ。〔六七〇〜六七一頁〕

林若樹が草稿を集め始めるきっかけは、『集古』戊寅第五号（昭和十三年十一月）に林若樹自身が書いた文章（「余の蔵する近世名家の草稿」『林若樹集』に収録）の中に述べられているんですが、

「写本の小冊子」を偶然手に入れた。その本に書き入れがあったというんですね。

三十四年（明治）の春なりしか、宝会にて落つるともなく予が手に帰せし写本の小冊子あり、春台の独語のうつしにて、末尾に、

宝暦二年壬申七月中旬
柳荘山県昌貞於
東都寓居写之

御書物方

右の如く記しあり、帰りて後、調べ見るに山県大弐の書なりしなり、山中笑君に示せしに、大弐の郷里甲府在龍王村金剛寺に其墳墓ありて、卓映良雄居士、明和四年八月廿一日於東武没、源昌貞碑と刻しあり、四屋舟板横町杉大門墓地にある墓には、映字英に作りあり、先年甲州にて贈位の祝典を挙げし際、遺墨の拾集に力を尽せしも、一ツも得る所なかりき、珍重すべきものなりとの事なり、〔六五九頁〕

であるから、それが元で草稿を集めるのが病みつきになったんだと言っています。三村清三郎も先ほどの座談会の回想録で言っていましたが、そういうわけで林若樹は、ブラブラしながらいろんなものを集めていて、そのうちに明治三十三（一九〇〇）年頃ですね、「山の手談話

会」という会ができた。それに山中笑、清水晴風、岡田村雄――彼は非常に林に近かった――それから武内桂舟、彼は巌谷小波の本の挿絵を描いた人ですね。こういう人たちが集まっていて、それに加わってコレクターの仲間入りをしたらしい。

それ以前、林若樹は若い頃には東大の人類学教室に出入りして、坪井正五郎の下にいた。坪井正五郎のお父さんの信良という人は蘭方医だったんですが、林若樹の祖父の林洞海とは同じ奥医師仲間であり、大政奉還後に林若樹の父親の林研海とは一緒に静岡病院を設立した仲でもあった。その上、林若樹と坪井正五郎は遠い親戚であったこともあって、坪井正五郎に弟子入りすることになったんだと思います。

坪井正五郎は世界中の玩具を集めていた人類学者です。それで三越の「児童《こども》博覧会」においても非常に深く貢献して、自分で玩具まで発明するくらいに熱を入れていたけれども、大正二(一九一三)年にロシアのペテルブルクで客死してしまう。この坪井正五郎の線というのは、またこれはこれで面白いんです。坪井正五郎は巌谷小波とも親しかった。巌谷小波は博文館の編集部にいて『少年世界』や『少女世界』の主筆を務めていますが、その小波の下にいて『少年世界』なんかに関わっていた木村小舟《しょうしゅう》は『少年世界』第七巻第一号(明治三十四年一月)に口絵写真を撮影して載せるために坪井正五郎の人類学教室を訪ねています。そういうこともあって、坪井正五郎は博文館とは非常に関わりが深いから、博文館で人類学関係の本(『人類学叢話』

明治四十年二月）も出している。そういうふうなネットワークの中に入っている。

それでこの「集古会」ができてから、今度は林若樹はだんだん坪井正五郎の人類学とは離れていくことになります。と言いますのは、はじめは「集古会」は人類学的な考古学的な発掘、大森貝塚とかに現われているような発掘趣味に固まっていた。それが今度は清水晴風のような人が入って来るとだんだん元禄党が増えてくる。であるから、元禄党と考古学・人類学に分かれてゆく。元禄党に、本の好きな人は行ってしまう。これはもっとあとの話ですが、斎藤昌三が——彼は別に集古会の会員ではありませんけれども——そうした人たちのなかで非常に重要な役割を果たしていくことになるわけですけれども、ここでもうひとつ話を横にもっていく努力をしようと思います。

坪井正五郎
（1863-1913）

この三村清三郎は、林若樹が山中共古に伴われて初めて家を訪ねてきたとき「私はすっかり先輩気取りで、今から自筆本を集めやうとしても、品ももう少いし価も高くなつてしまつて、遅い」〔六七四頁〕と言っていた。ところがそのうちに三村清三郎は伊勢のほうに住みついちゃって、十年ほど東京から離れていた。それで帰って来てみると、「林さんは蔚然《うつぜん》たる蔵書家の雄となつてゐた」〔六七五頁〕と書いています（三村清三郎「林君の蔵書印」『林若樹集』所収）。林若樹は時々伊勢のほうに遊びにきて半月以上も滞在している。職がないんですから行ったらいつまでもいるわけですね。それで遊んで帰ってくる。この頃の人は、例えば淡島寒月でも、ある日風呂に行ってくると言って手拭一つ手に下げたまま家を出て三カ月帰ってこなかった。何をしていたのかというと、奈良に行きたくなってそのまま——明治のはじめですけれども——歩いて奈良まで行って、古い瓦があったからそれを一つ手に下げて帰ってきたという、そういう生活を平気でやっていたわけですね。ところが寒月のほうは、お父さんに圧倒されたのかどうか、生涯に一度しか結婚しなかったようです。ですから長旅をしても安心できたのでしょうけれども。

風流人・川喜田半泥子と日本の人類学者

では何故、伊勢に行ったのかというと、ここでもう一人の重要な人物が出てくる。何故かと申しますと、ここがたいへんなところですね。去年から今年にかけて、銀座・松屋とか大阪のほうで川喜田半泥子《はんでいし》の展覧会が開かれていましたが、川喜田半泥子は三重県の百五銀行の頭取だったわけです。人類学者で川喜田二郎という人がいますが、この人のお父さんです。ですから人類学は川喜田半泥子にたいへん負っているわけですね。私の先生の岡正雄さんの奥さんは川喜田二郎のお姉さんです。では、何故、半泥子の娘を嫁にしたのか。いろいろ探ってみると、ここでどうも山中共古とかそういうところに入ってくるらしい。それは兎も角として、林若樹が伊勢に行っていた目的というのは、この川喜田半泥子に会いに行っていた。川喜田は大コレクターだったんですね、本も絵画も。その上、自分で書も書くし、絵も描くし、という大風流人だったわけです。

川喜田半泥子
（1878-1963）

川喜田家の家紋

そこで、『風俗』の第一巻第五号（大正六年一月）に掲載されている「暖簾鑑」第四回にこの川喜田の紋が出ています。菱形の中に川とあって、その下に「川喜田『日本橋大伝馬町一、木綿問屋』伊勢の豪商川喜田家の江戸店、由来公儀より格別の建築構造を許され居るといふ大伝馬町に今もなほ万代不易の礎《いしず》へ堅く、十六世の名家の当代の主人は、茶禅三昧に入つて松の緑の色かへぬ千年《ちとせ》山に閉ぢ籠つて居られたが、此頃農工銀行の頭取に引き出され、人から茶人臭味が取れたと云はれて大に納まつておられるとやら。」（二五頁）という解説が書かれている。この記述からして、川喜田半泥子がこういう世界に関わっていたということがはっきりします。『集古』の中にも半泥子が出したと思われる、ある種の文章のようなものが収録されています。

そういうわけで川喜田家との繋がりということになりますと、例えば山中共古について柳田國男たちが出した『趣味と嗜好――共古翁記念文集』（昭和四年十一月）という本がありまして、共古の著作は『砂払』（春陽堂、昭和元年十二月、のち岩波文庫、上・下巻、昭和六十二年九・十月）、『甲斐の落葉』（郷土研究社、大正十五年十一月、のち有峰書店、昭和五十年九月）その他ありますけれど、その本はいろいろの人が寄せた文章を集めた追悼録のようなものです。その本の出版元が岡書院なんです。岡書院の社主・岡茂雄は柳田に「本屋風情」と言われたのを逆手にとって、そういう題のエッセイ集を出したので知られています（『本屋風情』平凡社、昭和四十九年七月、のち中公文庫、昭和五十八年七月）が、この岡書院というのは南方熊楠の随想集（『南方随筆』大正十五年五月）を早い頃に出した版元であります。その出版社が山中共古に寄せた文集を出しているわけです。

ということは山中共古、林若樹、柳田國男なんかとずうっと繋がってきます。それから岡書院の岡茂雄さんは、私の先生の岡正雄の四年上のお兄さんです。それであるから、岡正雄の奥さんは生きておられますが、川喜田の娘さんを紹介したというあたりの背景には、この辺の林若樹とかの人脈が絡んでいるんじゃあないかと思うわけなんです。そういう形ですね。民俗学ばかりではなくて、文化人類学の起源にあたるようなことが、みんなこの間に納まってしまう、そういうことが言えるんですね。

林若樹の慧眼

それで、『林若樹集』には狂言についての「狂言中に見えたる玩具」（『集古』乙巳巻巻之一、明治三十八年一月）という非常に面白い文章も入っています。玩具という竹馬会、大供会のお得意のテーマと狂言の合流したものです。

その他にちょっと目についたものをご紹介しておきましょう。「西洋から教はつた風俗」（『集古』甲子第五号、大正十三年八月／丁卯第三号、昭和二年四月、『集古随筆』に収録、のち『林若樹集』、ここでの引用頁数は『集古随筆』による）という文章です。

（前略）食前食後の運動とか、散歩とか、身体の健康を目的としたる徒歩運動といふものは、在来日本には無かつたらしい。神仏に参詣するとか、お百度を踏むとか、其結果からすれば夫れに該当するものはあつたらうが、運動を目的とする運動といふものは無かつたのである。俗に「犬の川端あるき」といふ言があるが、これは飲まずに銭を遣はずに歩行いた景容で侮蔑の意を含んで居る。（一八四頁）

これは私がナイロビに行ったとき（一九六六年）に、一カ月ナイロビの公園にテントを張って友達と住んでいたことがあるんです。そうしたら、インド人、ナイロビにはインド人が一杯いるんです。これが日曜日に暇で公園を散歩するぐらいしか時間の使いようがないんです、金を使いたくないですからね。そうすると、変な日本人がいてテントを張ってるっていうんで寄って来てみんなで覗くんです、中にも入ってきて寝ているところを覗くんですからね。そういうのを犬の川端歩きというんですね。そのときは、町に行って日本の商社の人のところに行ったら、ヌードのポスターが沢山あったんです、方々に配るから。そのヌードのポスターを貰ってきて、入口に掛けておいたんですね。するとインド人は欺瞞的なところがあるから、それ以上近づいて来なくなった。遠巻きにして、こうやって見ているんです。あるとき夜中に誰か掻っ払っていっちゃったヤツがいたんですがね。「犬の川端歩き」の被害者と言うんでしょうか。

林若樹さんは、非常に感性のいい人でして、文化財の保護に関しても、的確な問題を出しているんです。例えば、「太子堂の扉」（『ホトトギス』第二十四巻第三号、大正九年十二月、『集古随筆』に収録、のち『林若樹集』、ここでの引用頁数は『集古随筆』による）という文章にこうあります。

法隆寺太子堂の扉は開閉毎に微妙なる篳篥《ひちりき》の音がして古の参詣者をして信仰を増さしめたものである。それが明治になつてから古社寺の保存法が講ぜられて、内務省だか奈良県庁だかの技師の手にかゝつて修繕せられてから、数百年来呂律に叶つたと言はれた篳篥の音は永久にその音を絶つて了つた。〔一三二頁〕

原状復元というのは、ほとんど現在でも生きていて、文化財保護の悪い習慣なんですね。十年前、壬生狂言の狂言堂を修復する〔壬生寺狂言堂の修復は昭和五十八（一九八三）年から二年間で行われた。〕というときに、壬生狂言の関係者に会ったんです。そうするといま困っているのは、いちばん初めに建造されたときの原寸図に合わせて復元するのでなければ、修復を許可しないというのです。文部省だか建設省だか忘れましたが、そういう決まりがある。そうしますと狂言堂というのは、長年にわたって演者があっちに手を加えこっちに手を加えて演じやすいようにして、つまり壬生狂言の形成に伴った歴史を留めているんです。それをもとに、修復したいということを出しているのに、原寸図に戻せという要求がお上から出てきて、これはたいへんに困ったと。だから文化財保護は歴史的な側面を破壊する、そういう問題を、林若樹は大正九（一九二〇）年の時点でちゃんと指摘しているんです。

その他に、山本鼎の児童画展覧会についての短いがいい文章（「児童自由画展覧会」）も書いている。話し出せばきりがないと言いたいところなんですが、そろそろ時間も来たようですから……。

「いえ三十分会場の時間が延長できましたので、どうぞ続けてください」（司会者の声）。

これだけしか材料を持っていなくて、これで終わってもらったほうが有り難いというところですが、どうも（と言いながら、手許の資料を見直して）……いや、材料はまだまだありますから、あと三十分やりましょう。

この林若樹の文章の中には、楽しいことしかしないというね。そのフィルターを通っているから、紹介されている事実が非常に面白い。例えば、これはいろんな人がある程度知っているんですけど、「北庭筑波・行誡上人・柏木探古」（『集古』辛亥巻五、大正二年四月、『林若樹集』に収録）にある新派の伊井蓉峰の父親についてです。

本性は伊井〔孝之助〕だが、北庭筑波で通つて居た。元は呉服町の油問屋の主人だつたが、放蕩をして家を飛び出して了つた、容貌はノツペリとして、顎は少々長いが、蓉峯《ママ》よりは好い男振だつた。少々口を利くのにベランメヱ口調へ持つて来て、終ひが一寸聞き取れない風なので、誰がいふともなく「へベライ」々々といふ綽号をつけて了つた。誰れだつたか扁々来といふ額を書いて与へたこともある、下岡蓮杖から写真術を教はつて、これで飯を喰つて居た。〔四八三〜四八四頁〕

ここに出てくる下岡蓮杖というのは、日本で写真を始めた最初の一人です。その他にもこの当時はいろいろな人物がいて、これなどは先ほどの清水晴風が語った「晴風子談屑」の続きですが、太田花兄という人に触れています。これは非常に愉快な人物なんです。

太田花兄といふのは、神田旅籠町三丁目の花清といふ料理屋の若主人だつた、通称を勝次郎といつて、中々の好事家で、珍書を沢山持つて居たが、一体読むんヂヤアない、只持つて喜ぶばかり、〔岩本〕活東子の燕石十輯に新に珍書を加へて百巻として、木村と染谷との両人に写つさせた、花兄の歿後に私が引取つたが、写本の拙いので持ち扱かつて、後に加藤直種さんに譲つた。此花兄といふ人は明治廿年頃に三十二三で歿して了つたが、性質は温和の人物だつたが、何品に拘らず人が珍重してほこつて居ると、それが欲しくなるのが病気で、之れが手にさへ這《ママ》つて了へば直に人に廉く払て了ふといふ風で、人が自慢する

のが癪に障はると見えて、これはチット狂気ぢみて居た。〔四八九頁〕

これは物だからいいけれども、女性でこれをやられたら、大橋新太郎になるんでね。大橋新太郎は博文館社長ですが、巌谷小波の女性を横取りしてしまうんです。そのために博文館は没落してしまうという感じですね。そのいきさつは今度出る『へるめす』第四十号（平成四年十一月）に書いてあります（「明治出版界の光と闇——博文館の興亡」のち『「敗者」の精神史』に収録）。

太田花兄の話を続けましょう。

晩年には書物も大方売つて了つて煙草入道楽となつた。

花兄の蔵書印は花兄の二字で狸の顔になつて居る印、細長い印の玉面堂、鼓をまともに見たところの中に狸の一字を入れたもの、四角な印で太田花影の四字のものなどがある。玉面堂と狸の顔の印とは竹内久一氏の字入れです、狸を好んだのも最初は芳原田甫に居た画家松本芳延が古くから狸を集めて居たが、花清の女中が芳延にやらうと思つて取つて置いた狸の根付を持つて居たのと、其時分、自分の狸の置物が《ママ》何かを得たものだから、急に狸好きになつて芳延の株を奪つて了つた。久一さんに注文して白檀で狸の座像を彫らせたことがある、出来上つてから狸の髯に鼠の生毛を植えることになつたが、誰アれも受合ふものがないから、私が引受けて金網で鼠をつかまへて一間へ追ひはなし、散々追ひ廻して労れ切つたところで、片手でキユーと握つてから久一さんを呼び立て、傍に膠を溶かして置いて、一本一本毛抜で抜いチヤア先きを膠に漬け、狸の口の廻りに植えこんで了つた、一体鼠といふものは胴中を強く握りさへすればどうすることも出来るもんじやアない。〔四九〇頁〕

こんなことも書いています。

明治十年の博覧会見物に行つて数日かへつて来ない。家では大変な心配をしていると、ブラリと帰へつて来た、会場で猿橋の模型を見ると、急に見物したくなつて、其まゝ甲州へ行つて来たと、〔四九一頁〕

ブラーリブラーリと行ってきたというので寒月流ですね。当時はそんな生き方をしている人が多くて、こういう人たちが、例えば江戸で、いわゆる美術のハイアラーキーないろいろなものができるときに、そういうものとは関係なく生きていた人たちが、書の世界や本の世界に入り込んできた。そのなかには書家などもいて、そういう人たちをまとめていたのが大河内輝声《てるな》です。この人は元高崎藩の大殿様で、中国の書の大家などとも交わったりしていた。この人の清国駐日公使・何如璋《かじょしょう》一行との筆談録『大河内文書──明治日中文化人の交遊』が、東洋文庫（さねとう けいしゅう編訳、平凡社、昭和三十九年五月）に入っていますが、非常に面白いものです。そういった生き方、人と人との繋がりの面白さですね。

あとは目についたものをお話ししますけれども、例えば「林若吉翁を偲ぶ会――昭和十三年十月十三日　於如水会館」（『日本古書通信』第百十二・百十三号、昭和十三年十一・十二月、『林若樹集』に収録）という座談会のなかに、こんなふうにあります。

森（銑三）　あの書斎の様子も何とかして伝へて置きたいですな。無論写真を撮られたことなどはありますまいが……。

三村（竹清）　ところが川喜田久太夫（半泥子）君にスケッチしたものがあります。スケッチと云つても、彼処で画けば林さんにわかるから、外へ出て忘れないうちに画いたのだそうです。〔七〇四頁〕

それから大正二（一九一三）年九月の集古会、これがなかなか面白くて明治十三（一八八〇）年の竹馬会に匹敵するようなそういったもんだと思うんです。木村捨三が「林若吉翁を偲ぶ会」の最後に、「追記」としてこんなふうに書いています。

私がはじめて林さんにお目にかゝつたのは、大正二年の九月の集古会へ、中沢澄男さんの引合せで出席してから以来のことで、私の目に映つた会場の光景は、今の集古会風景とは大分趣がかはつてゐました。会場の神田仲町青柳の表二階の縁側寄りの障子のきわに、林さんが机を前にして受附を守つてゐられた。座は清水晴風、竹内久一、淡島寒月、武田信賢、矢嶋隆教、太田政隆の諸老に、黒川真道さん、三村さん、扇松堂〔斎藤扇松〕君、会がおしまひ時分になると内田魯庵さんがやつて来る。その頃には林さんも受附の席から乗出して、幾組かの円陣を作つて談論風発、実に驚くべき状況でした。たまには大槻如電翁、久保田米斎さんも来られ、正月などは納札家の伊勢万さんが、お手のもの、蜜柑を盤台に山の如くに積上げたものを二つか三つも寄贈する、私より少しおくれて生田可久君も入会した。何にせその時の会には、前会長根岸〔武香〕さんの時代に作つたといふ二重の台があつて、青柳に預けてあつたのを取付け、晴風さんの所に預けてある緋毛氈を取つて来てこれにかけ、それから出品物を飾り附けるという騒ぎだ、従つて仕舞になつてまたそれを繰返したのだから、人手を要するので午後の会でも午前十一時頃から会場で手伝はなければならぬ、私もとう〳〵その人足の方へ廻つたのが今日集古会を預かるやうになつたのです。その前後の労働には林さんは決して手を出さない、あそこがいかにも林さんの人徳のある所で、悠然としてその片附くのを待つて、また一トしきり居残り連中で一席やる、漸く電燈のつく頃に解散すると、林さんは内田さんを連立つて文行堂さんの方へ行くのを見かけました。〔七一二〜七一三頁〕

ここには集古会というものの雰囲気がよく表れています。この集古会というのがいかに絢爛豪華な集まりであったか、ということが分かるのではないかと思います。

集古会というのは出品物がありましてですね、出品物にはどういうものが出たかというと、必ず題が出た。例えば『集古』癸亥第一号（大正十一年十二月）を見ると、大正十一年十一月十一日の第百三十九回の集まりで「南海西海両道」という課題が出ています。そうするとその中に山中笑出品というので「紀伊和歌山大同仏／同　地方硯箱／琉球はなし／琉球年代記」とあります。南海道に琉球を入れているから、今から言えば政治的だと。まだ日本の領土になっていなかったんだからと言われるかもしれないけれども。

その他に『集古』に載っている目録を見てみますと、壬戌第四号（大正十一年十二月）に、大正十一年五月十三日の第百三十七回の「東山北陸両道」という課題があります。出品者は常連の中沢澄男、武田信賢、森潤三郎、市川三陽などです。林若樹の出品に「木製糞べラ」がありますその脇に「大正十年八月寒川鼠骨《るこつ》君飛騨吉城郡双六谷の民家所要用を採集」と書かれています。これは非常にユーモアがある感じがしますね。この寒川鼠骨は『日本及び日本人』の元記者で、子規やなんかに近い。俳句を一緒にやっていた人で、エッセイ集をこの前僕は買ったか？　僕のところにある最近買った本は、この坪内君のほうがよく覚えている。古書展なんかに行くときに一緒に連れていって、この本買ったかどうかと聞くと、「それはあります、これはないです」と教えてくれる。でないとダブる本がすごく多くなってしまいますから、便利なんです。

同じときに「河海に関するもの」という課題も出ていて、林若樹の出品は「支那製木彫小船雛形／支那玩具船／バタビヤ産カポック製小舟　カポックとは棉の木なり／房州鉈切神社宝独木舟小片／落合芳幾案美術人形　内宝船／新嘉坡《シンガポール》支那店所売張子蝦」などです。ちなみにこの集めた物は、世界的に拡がっています。山中笑の出品物は「尾張もろくわ村出土船の図」、出土した舟の図の巻物ですね。「出土丸木船の木片　武州山地下七十尺より出土／川童之図　写」こういうふうに、この出品目録を一つ一つ見ているだけで、面白い事実というのが、その背後から浮かび上がってくるから、非常に楽しめるのであります。

ですからこういうものも含めて、本とか雑誌を読むというのは、ただ活字を読んでおしまいということではなくて、本や雑誌を丸ごと読む、ということであると思います。そういうふうな本の楽しみ方が、現代のメディアが非常に拡がった結果、活字だけにとどまらず音とかＣＤとかがぜんぶ入ってくるということになって、逆に今度は、昔のコレクターが本や何かを丸ごと読んでいたというその感覚が、むしろその先を行っていたんではないかということになって、これからは若い活字離れしていた人たちが、そういった本を丸ごと読むということにおいて、古本のほうが遙かに進んだメディアであったということに気がついて、古本の世界に戻って来るのではなかろうか、と私はみております。新本では時代との距離が短か過ぎて分からない。装飾・副次的要素の意味は時代と共に忘れられる。古本には、それらを解読するという大きな娯しみが加わる。

それから、この『風俗』が、早くから人類学の問題を扱っていたということ。すでに坪井正五郎なんかが加わっているから当然なんですけれども。ここに「指切り博物館」（第一巻第二号、大正五年十月）という文章が載っています。指を切る習慣ですね。海府翁という人が書いている。それで、ここにある図（七）の説明として、こう書かれています。

（七）は南仏蘭西《フランス》ガルガス洞窟の岸壁に捺した二万年前《ぜん》の穴居《けつきょ》人類の手形に御座りまする。此の洞窟は今より十年ほど前に発掘されましたものに御座りまして、氷河時代の穴居人類の遺物に御座りまする。此のガルガス洞窟の岸壁に赤い絵具の粉末《こな》を振り掛けまして、手形を抜いたものに御座ります。

さあ〳〵此の（七）をよく御覧じませ。切らないのは拇指ばかり。一本切り、二本切り、三本切り、四本切りと、いろ〳〵に切り分けて御座います。四本切りのづんべら坊、中・薬二本切りのこん〳〵ちき、中・薬・小指三本切りのぢやんけんぽん形はいろ〳〵御好み次第。これが名に負ふ世界指切りの事始め、日本のやうに小指ばかりでは足りない、足りない。

次にコメントふうに、

女「大昔は男も女も情が深かつたと見えるねエ　男「ナゼ　女「でも二万年前にはみんな人間が指を切つてるといふじやアないか。〔九頁〕

この最後のオチは筒井康隆氏の小説に、お互いが相手の身体を切って食べ合う、それが愛情表現だというSF小説（「血と肉の愛情」）がありましたが、それを先取りしているという感じです。

それに『明治事物起原』の石井研堂の流れもここのところに入ってきて、大正五（一九一六）年九月に出たこの『風俗』第一巻第一号から、石井研堂は「事物起原」の続録の連載を始めて

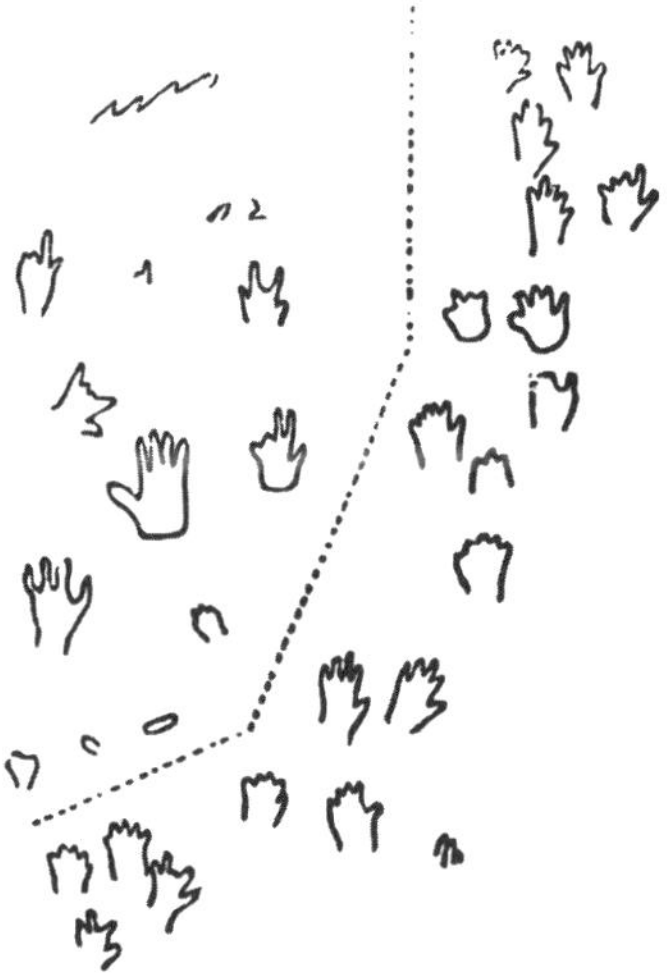

「指切り博物館」の図（七）

いるわけです。この石井研堂は、弟の浜田四郎が博文館にいましたし、こういう世界に関係の深い人ですから、当然と言えば当然なんですね。ですから石井研堂を介して「事物起源」からさらに「趣味」という言葉に新しく非常に広い意味を与えて、回顧ばかりではない世界に拡がるような視点を出して、いわゆるお上から与えられたパラダイムとは違った視点、考え方を出すものとしての知的な遊びですね。作業とか仕事というと堅くなるからあえて言いませんが、そういうふうな世界の中に、こういう流れが全部入っていて、ネットワークが出てきている。今までみんなバラバラに集めているから、全体の中でなかなか見えなかったわけですね。

こういうふうに見ていくと、石井研堂は『風俗』の創刊号から書いている。それからこの後の『新旧時代』ですね。これは明治文化研究のはしりになるから当然なんですけれども、創刊号（大正十四年二月）に「明治事物起原」の続録を書いています。大正五年の『風俗』、それから大正十四年の『新旧時代』、それからさらにこの『新旧時代』が改題して『明治文化研究』となるのが昭和三（一九二八）年一月ですから、こういった流れというのは完全に繋がっていると言えます。

この前後にちょうど片方では梅原北明たちが『グロテスク』などを刊行している。それが『書物展望』に受け継がれていく。この辺はちょっと誤りがあるかも知れませんが、それが『書物展望』のほうに移って行くことによって、どんな意味が現われてきたのか、ということを考えるのは、また非常に興味深い問題であります。書物展望社ですね、これの販売をやった東京堂、こういう世界との繋がりというのもテーマになります。それから、その少し前の大正の終わり頃にもうひとつ併行した似たような動きが『書物往来』のほうでもあったわけです。

箱の中の博物館

先ほど見当たらなかったので後回しにしたのですが、『風俗』創刊号に菅原教造という人が書いている「渋沢男より林氏へ――美術展覧会の由来㈠」という文章ですね。渋沢が実業界から引退したところから話を説き起こして、渋沢が万国博覧会に行ったときに一緒に行った清水卯三郎という人の話を書いて、それが清水卯三郎のパリ万博と同様に国語問題に話がズウーッと、この人の文章も私の文章と同じように、話が横にどんどんズレていくところがあります。

それでどうにか林洞海に話が及んで、林洞海が明治文化史上に極めて重要な人物であったというところに来ます。この人は、忠篤《ただあつ》の親父で軍医総監だった石黒忠悳《ただのり》と合作で『内科簡明』という本を刊行したということを紹介してから、こう書いています。

> 此の洞海先生を祖父とし董伯を叔父とする林若樹氏は其の熱心な蒐集《コレクシオン》の事業の示す文化上の功績に於て、決して氏の祖父や親父と比して遜色がないのも亦人の能く知る所であら

映画『カリガリ博士』のカリガリ博士（右）とキャビネットのなかの眠り男

う。考古品や美術品や珍書や手書を集めた氏の市谷の住宅は、其ま丶立派な Cabinet de raretes である。〔一四頁〕

Cabinet キャビネというのは箱という意味ですが、本来フランス語でキャビネといったら箱でもあり実験室にもなるわけだけど、いろいろな珍奇なものをですね、昔の貴族やなんかが自分の蔵に入れておいた。そのことをキャビネといい、それがコレクターの始まりである。「若しこれを Organiser するならば、一つの纏まった私立博物館となるであろう」〔一四頁〕と菅原教造は述べています。

『カリガリ博士』（ロベルト・ヴィーネ監督、一九二〇年制作）という映画がありましたが、この映画の原題は『カリガリ博士のキャビネット Das Kabinett des Doktor Caligari』です。これは箱に入った眠り男が見世物になっている話ですが、見世物としてのキャビネという意味では、博物館とも縁が深いということは言えるでしょうね。林若樹のコレクションそのものも私立博物館になる。また菅原はフランス語が好きらしくて、「Cataloger するならば、一部の確実な東洋考古学書となるであろう」と言い、「渋沢男の引退の新聞記事は、留め度もなく聯想の糸を引いて、私《わたくし》の興味を林氏の蒐集《コレクシオン》に集めさせた、私は更に此の興味を心理的並に社会的に開展させて、美術展覧会の由来の問題を中心点として、美術展覧会・科学博物館、産業博覧会の三つの組織の発達の関聯と交錯との現象を略述して見やうと思ふ」〔同頁〕と言っているんですね。これは最近、博物館のことなどやっている人たち、荒俣宏氏などがやっていることの一番興味のあるところであるから、大正時代にそういう問題を、この人たちは全部もう出していた、と言えると思います。

というわけで、こういうふうな流れを辿ってみるというのは、古書の世界に集まった知的な情熱の、近代日本でいちばん質のいい部分なんですね。それが、こういうネットワークをもう一回たぐりだすことによって、分かってくる。であるから、古書業を営んでいるということは、そういう現場に日々いるという、たいへんなチャンスにめぐまれているのであって、夢々、これから気を変えて、数学者になってトロント大学の教授になろうなんていう気は起こさないようにお願いして、今日のお話をおしまいにしたいと思います。

『書画骨董雑誌』をめぐって

はじめに

一昨年（平成四年）目黒で若手古書店メンバーに話をするということで、第一回をやったわけです（「近代日本における〝知のネットワーク〟の源流」、本書一九八頁に収録）。その会は第二回、第三回と発展するはずだったんだけど、外から誰かを呼ぶというのが絶ち消えになったようでして、それで今回は年の初めの御挨拶として、古書店主の方々を挑発して、今年もひとつ搾取してもらおうと。そうすると本がまた出てきますからね。まあそのツケは大きいのでありますが……。で、昨年末から気にしていたのですが、正月の銀座・松屋の古書即売会に『書画骨董雑誌』

が出ているとの坪内〔祐三〕情報もあり、これを注文していたところ、四百冊ぐらいですが、手に入れました。この『書画骨董雑誌』というのはある程度、美術史の専門家には知られていないわけではないのですが、まあ、あまり語られることがない。第一回で材料にした『集古』は、一応『内田魯庵書物関係 著作集 第一巻』（青裳堂書店、昭和五十四年一月）のなかにも『集古』についての文章（「初めから珍本である雑誌」）があったりするので、そういう意味でも知られているわけですが、『書画骨董雑誌』は普通にはほとんど知られていない。しかし私の場合は一昨年に神田古本まつりの第二会場で、ゴソゴソと面白いものを手に入れていて、もともと『集古』もそのときにある程度手に入れて、それで興奮して（第一回のときに）喋ったら、そのとき会場で不思議な出会いがありまして、というのは話していたら前の席に林若樹の本（『集古随筆』大東出版社、昭和十七年十月）を持ってきてるのがいる。で、どうして持ってきたのと尋ねると、いや予感がして持ってきたというわけです、で、私はそれを頂いちゃったのですが……（笑）。その古本まつりのときですが『書画骨董雑誌』も七、八冊手に入れていて、これをじっと睨んでいると非常に面白いものである、そういう確信に達したわけです。

『集古』というのは明治、大正、昭和にかけて古書の達人たちの溜り場であって、清水晴風とか山中共古とか……。ええ、初めてこの種の話を聞く人はですね、こういう人物の名前を分からないと言わないで、まあ、こういうところに来たということをお喜びいただく。名前がどこかに残っていれば、この次に何か見聞きしたときにあとはコンテキストをつけ加えればいいわけですから。

敗者たちのネットワークの形成

大前提と言いますか、これは私がこの三年ぐらい『へるめす』にずっと書いてきた戊辰戦争で負けた側の、〝「敗者」の精神史〟というシリーズがありまして、しつこく書き続けたものだから『へるめす』が大赤字になって、とうとう岩波書店も悲鳴をあげて、あと三号で打ち切りたいと言いだした。一つの雑誌を潰したという光栄を背負ったわけですが、このままやっていったら岩波書店も危なくなるようで、本当は一つの出版社を潰したという、そういうところまで行きたかったんですがね。まあ出版社を潰すのは弘隆社ぐらいにしておこうと(笑)。で、このシリーズで追って来たテーマが、近代日本の薩長を中心としたヒエラルキーを作って欧米に追いつき追い越せという、そのスタイルが今やいたるところで破綻をきたしてしまった。で、近代日本においてもっと魅力あるオールタナティブを追求してきた連中がいなかったのか、ということになると基本的に負けた藩の出身の人たち、ということになりますから、手っ取り早く言えば東北の諸藩、ちょうどその頃、私は福島に小学校(喰丸小学校)をもらったから、東北にかなり梃子入れするようなムードもありました。で、その次は静岡県立大学で教えるようになりましたから、静岡のほうも大きなポイントになりまして、私はかなり行き当たりばったりのところがありまして、そうやって偶然行ったところを出発点にしていろんなものを考えていく悪い癖があります。それで文化人類学はいかがわしいとかいう褒められ方をするわけです。

負けた人たちを中心としてある種のネットワークが形成されていた。そのネットワークの主なものに、まず第一に根岸派（党）があります。根岸派には幸田露伴がいたりした。根岸派の大半の名前は忘れられているけれども、遊び人の集団で非常に面白かった。それでこの集団がだんだん繋がりを広くして向島の淡島椿岳・寒月、この親子とも繋がりを生じ、それから佐倉藩出身の依田学海などにも広がってゆく。ユーモアたっぷりだけど人をいびることは相当なものだった大槻如電《じょでん》のスタイルが、明治の魅力ある刺激的な人物たちに与えた影響は大きかった。こういうふうな人たちが薩長から離れて一つのネットワークをなんとなく形成していたわけです。

もう一つの雰囲気を作った人たちは、明治十三（一八八〇）年に向島になんとなく集まっておいしい料理を持ち寄って食べたり、あるいはおもちゃを持ち寄り品評や交換みたいなことをやっていたグループがあって、これを竹馬会というわけです。で、これが竹内久一《たけのうちひさかず》の父親の田蝶《たちよう》（善次郎）なんかをはじめとした人たちの集まりであった。そういう竹馬会の中心的な存在が清水晴風という人物でした。この清水晴風のネットワークというのがあって、その仲間が竹内久一で、彼がこの雑誌（『書画骨董雑誌』）の中心人物でした。これは編集主幹ということではなくて、この雑誌の基調をなしていた。雑誌としてはこれ以前に古書を主体とした『集古』が出ていて、ここには山中共古とか林若樹たちがいた。これもなんとなく幕臣に繋がっている。山中は幕府が潰れると静岡に行って宣教師のドナルド・マクドナルドと出会う。その通訳をしてそのうち受洗して牧師になる。林若樹の親父は沼津の兵学校の関係で後の陸軍軍医総監になり、最後はロンドンで客死するわけだけれども、林若樹は小さいときから体が弱かったこともあって古書の世界に埋没していく。この人たちがある種のネットワークを形成していた。

どうもこのネットワークの一種の象徴になっていたのは、北海道探険の松浦武四郎だったらしい。竹内久一は松浦のところに出入りしていろいろなことを教えてもらっていた。三村清三郎も松浦武四郎のところにはかなり若い頃から出入りしていたし、それから私が人類学を習った岡正雄の奥さんのお父さんという人は川喜田久太夫（半泥子《はんでいし》）という人で、半泥子は伊勢の津の出身で川喜田は江戸に出店を持っていた豪商ですが、今の伊勢丹とは関係ありません。伊勢丹というのは、元々神田の付近で着物を赤い風呂敷に包んで走り回っていた商人で、ただ国柱会・田中智学——これは宮沢賢治の先生だった人ね——この人物に出会ってから大いに発憤したわけです。ええ、今日は他で喋ってないことをどんどん出しますから、他で書くときは僕に断ってくださいね（笑）。で、国柱会の話になるとこれが非常に面白いんですけど、どんなに面白いかというと、あの面白い竹内久一が国柱会のメンバーであった。国柱会というのもほとんど忘れ去られていて、今は本部も江東区の片隅にあるような感じでね。私はこの前そこまで行って確かめてきたんでして、しつこいところがありますから、まあその結果得た情報であります。まあ来年の年頭の辞ではひとつ、田中智学を徹底的にやってみようと思います。さて、ええ、何の話でしたっけ……（笑）。

川喜田半泥子ですが、川喜田屋という暖簾と屋号を江戸に持った大商人だったんですね。この川喜田半泥子は、三村清三郎と親しかった。ここも伊勢コネクションですね。これは『集古』に対しては重要な役割を演じている。このへんにかえって人類学も民俗学も面白いルーツ

竹内久一
（1857-1916）

があるんです。柳田民俗学というのは、要するに百姓を煽って自分の奴隷にするというような民俗学だから、そのために都市的な民俗学というのが邪魔で、柳田は江戸の民俗学をやっていた人を滅ぼしてしまう。ええ、これは密かに準備している『柳田國男の復讐』という著書に出てくる事実でして（笑）。

『三省堂ぶっくれっと』第百七号（平成六年一月）で大塚英志が柳田のことをこう書いていま す（「捨子物語論⑭偽史としての一国民俗学(3)」）。柳田はもともと若くして母を失った。母胎回帰願望が非常にある。で、彼のやったことというのは母胎回帰的なことばかりやっている。山が他界であるといって外部を作っている、自分はそれに同化する。東京にも住んだものだから、都市を異界と見立てることもやったけど、すぐ逃げて最後は南島に外部を作ってそこに逃げ込んだ、というふうに言っているけれども、そこで考えておくべきは、都市に行ったところが自分は東大卒業だからピラミッドに駆け登ったけれども、江戸についての皮膚感覚に繋がるような知識は全然なかったということ。最初は山中共古にも教えてもらった。『石神問答』（聚精堂、明治四十三年五月）という本を書くときにですね。だけど山中の周りには林若樹たちがいて、別に彼らは排他的ではないんです。ただ柳田のほうはかなわんと思ったから自分は農政学者になって、それで新渡戸稲造なんかと郷土の調査をやることが必要だといって、百姓やその周辺の学校の先生をおだてて、それで資料提供者にしたわけです。その過程で雑誌を作りながら都市民俗学的なことをやっていた人たちをほとんど無視するような方向で進んでいった。柳田の周りに集まったのは田舎にいて認めてもらいたくてしょうがない学校の先生たちで、奴隷なんですね。その人たちはみんな言うことを聞いて柳田を神格化した。柳田はそればかりではなくて自分の兄弟も古代とかそんなことをやっている人が多かった。その兄弟たちにも博士号もらうのやめろとか、まあ兄弟を次々と無視する。フロイトは人類の始まりは父親殺しから始まる、次に兄弟姉妹が互いに殺し合いを始めると言っているけれども、柳田のやったことは兄弟殺しで、結局自分だけが目立って残る。そういうことを家のなかでもやった。

で、柳田は『集古』に集まった人たちを一切無視した。そのほかにも藤沢衛彦《もりひこ》なんかも無視したんだけれども、『集古』の人たちのほうも彼を嫌っていたんですね。柳田的なものと非柳田的なものとのどこが違うのかというと、非柳田的な人たちは民俗学といっても江戸の随筆を非常に沢山読んでいる。『耽奇漫録』あたりを諳《そら》んじていたという人たちなんですね（笑）。江戸の随筆のなかにはフォークロア的な事実が散らばっているわけです。それを沢山読んで身につけていた。

こういうことを言うのは、いま学問のスタイルというのは、分析して再総合する学問というのが世界的に行き詰まっているからなんです。因果関係だけでなんとかうまく収まりをつけて、それをヒエラルキーに重ねていくという社会科学の方法がほぼ崩壊している。もともと、ものすごく多様なコンテキストにあったものを取り出してもね、取り出すという姿勢においてすでに繋がっているんですからね。その間の関係を立証したからといってそれが何なんだということになる。そういった方向に柳田民俗学は行っちゃったわけです。

ところが柳田民俗学ばかりではなくて、人類学なんかも今や大理論は出てこないと言われています。アメリカにも碌な人類学者は出ていない。フランスも黄昏ている。日本には凄い人類学者が出たことがない、始まらないうちに終わっちゃったんですね。

蒐集から組み立てられる世界像

学問のもう一つのオールタナティブ、だいたいルネサンスに始まる学問の面白い部分というのは、エドガー・ウィントが『ルネサンスの異教秘儀』(田中英道ほか訳、晶文社、昭和六十一年十二月)で明らかにしたんだけど、ルネサンス人文主義というのはコレクターの間から始まった。貨幣を集めていたコレクターの間から貨幣のなかに世界に対する考え方、歴史の隠れた部分を読む。それからいろんな碑文を解読する、それを集める。そういうふうなコレクターがいろんなところで集めたなかから次第しだいに歴史像とか世界像とかが浮かび上がってきた。学問の一つの方向はそういうところにある。

これはクシシトフ・ポミアンというポーランド出身の歴史学者が『コレクション――趣味と好奇心の歴史人類学』（吉田城・吉田典子訳、平凡社、平成四年五月）のなかで明らかにしたんだけど、ヴェニスの商人は海外に行ってどんどんいろんなものを集めてくる。そういうのをコレクターに提供する、まあ貴族とかそういうふうな人たちですね。彼らはいろいろなコレクションを始める。岩石から鳥からあらゆるものに及んで、それでシステムを打ち立てるというのがルネサンスのヴェネツィア（ヴェニス）の学者の大きな楽しみであり貢献にもなっていた。

つまり、蒐集から組み立てられる世界像というものがあって、それが博物学、ナチュラルヒストリーとして広がってくる。フランスでもベルキーでも博物館運動というのが起こっていくようになる。それが一つの学問のスタイル、蒐集することに重点があるのであって、蒐集されたものは自動的に分類の対象になっていく。このへんのことは荒俣宏さんの仕事でもあるわけですが、荒俣さんの行っていることは江戸時代の学問というのは本草学に真髄があって植物や何かは物産奨励という意味から各藩も奨励した。つまり集めて分類するということは、幕府の学問の基礎にもなっていた。であるから、明治維新になって薩長はその学問の体系を否定しない限り自分たちの力を誇示することができないと考えたために、東京大学なんかを作ってどちらかと言うと、因果関係を基とした分析学ですね、化学によく表れている要素に還元して、それで要素間の因果関係を説明する。そういうふうな学問を奨励して、東京大学の学問が展開していった。それに基づいて近代日本の学問がかなり基調を決定されて、分析学が優先される。一方蒐集分類を基にした本草学は全く無視されることになった。

奥本大三郎氏に聞いてみたところ、東京大学の昆虫の蒐集の標本というのはどんな素人学者でも三カ月熱中して集めれば軽く越えることができるコレクションに過ぎないらしい。そこで考えてみるならば、もともと本草学やなにかの基調になるような、これは日本とは言わないでもアジア固有の学問というのがあり得たとするならば、集めるという行為そのもの、そして並べるという行為に意味を見出そうとする、その学問のスタイルというのは、物をして語らしめる、物にパフォーマンスをさせるということ。だから広告のような物ですね、イメージをして語らしめるんだから。集めることに意味を見出したのは一貫した日本の学問のスタイル、学問という形式がないうちに成立したのがそれである。だから一番古代の記述のひとつは『風土記』だけれども、それは何かと言えばその土地土地の記述なんですよ。事実を集めて記述する、そこで行われていることは蒐集に基づく記述であった。博物誌的な原点になっていたわけです。

そこで、日記というのは何であったのかというと、これも事実の記述なんですね。僕は大学のときに平安朝の貴族の日記を片っ端から読んだけれども、そこでは宮中で行われた儀礼を克明に書き留めている。つまり儀礼についての博物誌的な記述である。それに対応するものとして古代末期から説話がいろいろ出てきたわけです。説話というのもよくよく見てみると、話の基になるような要素をいろいろに組み立てる、話というものを組み立てている物を蒐集して分類する。だから基本的には蒐集の行為に始まり、そして終わっているわけです。『今昔物語』というのは幾つもの物語の集合体、つまり話の博物誌みたいな形で、その全体はその当時の人の描いた世界像が反映されるようになっている。歌謡などもそういうところがあって、例えば後白河法皇が『梁塵秘抄』という、その当時の巫女やなんかの歌っていた歌を集めたという行為をとってみても、後白河法皇は一方で頼朝や義経を手玉に取ってみたり、まあ悪いこともやっているけれども、同時に克明にその付近の歌を書き留めていた。その結果として『梁塵秘抄』のような歌謡集が生まれた。だから日本の天皇の位置というのは、デスポット（独裁者）というのからは遙かに離れているところがある。だから質《たち》が悪いとも言える。デスポットならすぐ倒せばいいのだけど、兎に角、民衆の中の中の中まで入っているからね。また、平安末期に『色葉字類抄』という事典ができ上がる。それもエレメントに分解して集めるという行為に繋がっている。

そうすると江戸時代の随筆というのは、確かにそうしたものの伝統の上に立っている。一方は随筆として書き留めておくという行為があり、一方では本草学的に物に即してやるというふうになる。今日考えてみるとそれは大きな流れであるのに、江戸時代が終わるといわゆる官学が塞き止めてしまう。それを継いだのが戊辰戦争の敗け派で、敗け派の学問がそれを継承した。そもそも仙台から始まって会津も巻き込んで東京に出てきて静岡、多摩にも繋がっていく。多摩は千人同心がそうした学問を継承していて、『新編武蔵国風土記』などというものも作られているし、その多摩の千人同心の流れが山梨から富士川を下って集団で移住している。時代の変革の過渡期には人の流れも変わる。そのことによって新しい人たちとの出会いがあって、魅力ある知的な空間が形成された。だから、今ネットワークを考えることはたいへんに面白いし、重要になってくる。普通の思想史というのはそういうのを一切無視して行われている。色川大吉さんが五日市憲法の研究をやっているけれども、五日市（現・あきるの市）の自由民権の流れは、そもそも仙台の大槻磐渓の弟子だった千葉卓三郎が東京に来てニコライ神父のところや横浜メソジスト教会のロバート・マクレー牧師のところで学んだりした後、多摩丘陵を越えて五日市の付近で勧能学校を作って、ここをコミューンみたいにした。だから魅力あるスポットというのは根岸ばかりではないというわけです。

少し話からはずれるけれども、ニコライ堂では天田五郎（愚庵）という、『東海遊侠伝——一名次郎長物語』（与論社、明治十七年四月）のね、この天田五郎というのは福島県の磐城平の出身で、戊辰戦争のときに、二本松藩の戦いで平城を真っ向から攻められて落城して、そのなかで家族と別れてしまったんですね。それで東京にやって来る。そのときニコライ堂で勉強してるんです。で、江崎礼二という写真家について修業をする。そこで写真術を身につけて日本中を放浪して父母を捜すわけなんです。いかがわしい占い師が山形県のどっかの寺の付近にいるなんていうと、走っていって、でそれが根も葉もない嘘だったりして、またがっかりしてね。その度ごとに「悲しい悲しい」って短歌を作っている内に明治最大級の歌人になっちゃった。正岡子規にも尊敬されて、今や高校の教科書にまで載っている。

そんなわけで「台湾征伐」について行ったり、佐賀の乱や西南の役にも潜り込んだらしい。そのうち山梨のほうで官軍の側にいた落合直亮《なおあき》という国学者の弟子になる。落合直亮というのは落合直文のお父さんで、勤王の志士だったのだけど、仙台のある神社の神主に追い落とされてしまった。天田はその後山岡鉄舟の紹介で清水に行って次郎長の養子になって、『東海遊侠

天田愚庵
（1854-1904）

伝』を出すわけです。次郎長は維新後はすっかり改心して富士の開拓をやったりするのだけれども、やくざ狩りにあってまた捕まってしまう。そうすると天田が次郎長の伝記を書いてやる。それが『東海遊侠伝』になるわけです。その後の天田五郎の人生を含めても、その生涯はそういうふうな面白い流れと重なって、全然知らなかった連中と要所要所で繋がっていく歴史の面白さというものがあって、精神史というのはそういうネットワークを中心に掘り起こしていくべきであろうということです。そういうふうなことで言うと、柳田というのはこういうものを全部征伐しようとした。つまり博物学的な学問を憎悪する、雑誌を作るたびごとにそうした連中を排除した。それで最終的には自分の言うことを素直に聞く、真面目で愚鈍な所謂民俗学者と後に言われるようになった人たちを配下につけて柳田学というのは作られた。

『書画骨董雑誌』を読む

と、まあ、こうしたことを大前提として『書画骨董雑誌』を扱ってゆこうというわけです。

ええ、一昨年は『集古』を何冊か見つけて、その後月の輪書林さんに乗せられて全部買っちゃいましたけど、今度は先に(『書画骨董雑誌』を)買ってますから乗せられることはないけど、三十二号以前がないんですね。三十三号から新形式になっているので、おそらくそれ以前は新聞形式ではないかと思いますが、そこだけが欠けているというのが全体にとって何だったのかが興味あるところなんですが〔山口さんが述べているように、『書画骨董雑誌』はタブロイド判の新聞形式で明治三十九年十一月に創刊され、三十三号（明治四十四年二月）より、B５判の雑誌に変わった。のちに雄松堂書店が全冊マイクロフィルム化している。〕。

さて『書画骨董雑誌』ですが、編集人ではないけれど、この雑誌には竹内久一が背後にいたわけです。また、他にも今泉雄作というのがいる。彼はだいたい堅い記事を書いていて、骨董についての記事ですね。骨董論というのは最近再燃しつつあって面白いものなんですが、これを話しはじめると十一時半までかかる恐れがありますから（笑）、今日は抜きにしましょう。

今泉雄作というのも面白い人物で明治の初めに、ヨーロッパに行ってみようかというので、明治十（一八七七）年にフランスに行ったわけです。フランスでの今泉は、リヨンに博物館を

今泉雄作
（1850-1931）

作ったエミール・ギメの許で東洋の古美術品の整理を担当しています。そこで五、六年過ごして帰国したのでフランス語は自由自在なんですね。後に今泉は『書画骨董鑑定鑑賞の仕方』（実業之日本社、大正九年五月）という非常面白い本を書いた。で、東京美術学校（現・東京芸術大学）の教授になるわけです。そこで岡倉天心が美校騒動で辞めたときに一緒に辞めたかというと辞めてなくて、なかなか図々しいところがあった。あのときに辞めたか辞めなかったかでけっこう評価が下せるんだけど、竹内久一は江戸っ子で潔癖なところがあったから一緒に辞めている。後に戻ってくれと言われて、戻ったりもしてますが。

で、今泉は「乾漆像に就て」（第三十三号、明治四十四年二月）というのを書いている。「乾漆像を作るにはまづ或る作ろうとする形を予め木（で）骨組みを作り置き、その上にだん〳〵と漆をぬつて行つて或形を作る」（二頁）。乾漆像の場合は、もともと形を作っておくわけですね。だから天平時代に作られた乾漆像は、なかに木で骨組みができている。こういうことは意外と知られていないんですね。これが日本の乾漆像の特徴だと、そういうことを気にした人はいない。ところが最近、奈良大学の井上正さんという先生が仏像と霊木信仰とのかかわりについて述べています（『古仏——彫像のイコノロジー』法蔵館、昭和六十一年十月）。この木というものの意味は本来は仏像全体が宇宙樹を表している。これはロシアの記号学者が言っていたことで、宇宙樹が実態的に変形されていくと仏像ができた（ウラジミール・N・トポローフ著「宇宙樹のイメージと仏教美術」北沢誠司編訳『宇宙樹・神話・歴史記述―モスクワ―タルトゥ・グループ文化記号論集―』岩波現代選書、昭和五十八年五月)。ところが、仏像は樹木信仰だった、木像ができる以前、乾漆像の中心に木を入れているということは、そこに宇宙樹の性格を見抜いていた、天と地とを繋ぐというね。そういうことを井上さんは述べている。

他にも、例えば田中頼章というあまり知られていない日本画家が「日本画の将来に対する意見」のなかでこんなことを述べています。

西洋画は実物形似を表現するので沈思黙考と云ふものが多い(。)それは何故かと云ふに実物を理想化する智力が乏しいので其の人の顔を描くにも成るべく似寄らしむる為め筆数も余計になる(。)これに反して日本画は減筆法が尊いので雪舟の如きは維摩の顔を描くにも先づ筆を下す前に其顔に十本の線があるのを見定め置き出来上りしときにはそれが十分の一より無いと云ふ風に減筆して其人の顔の凸凹思想を表現し「シカモ」これが光線を用ゐず細工を用ゐずして立派に描き上ることが日本画の特色で到底西洋画の企で及ばざる所である(。)今日の青年画家は兎角この東西に於ける絵画の長短優劣を識別することが能はずしてその取捨に惑ふものが尠からざるやうでツマリ精神の修養鍛練足らざる為である(。)〔一四〜一五頁〕

これも他ではあまり聞かない愉快なものです。

明治四十四（一九一一）年になると竹内久一の「緑蔭雑話」（第三十八号、七月）という随筆が載っていて、これは主に浮世絵、骨董のことですね。ここでは「骨董と云ふ事は芥《ごもく》置、古道具とも云ふ可《べ》きもので、普通書画骨董と一つについた言葉である、道具と云へば箪笥、長持の類になるが、まあ其上等なもので骨董と云ふと範囲が非常に広くなる、扨て此の骨董の流行は年々品が乏しくなる為に、仏像、神像など迄骨董品に下落し」（一一頁）たと書いています。

そして今度は清水晴風が現われるわけで、彼には江戸・明治の職人図会のようなものが一つあります（『世渡風俗図会』）、それから『うなゐの友』というのを六冊まで出している。他には神田についての『神田の伝説』（神田公論社、大正二年十月）というのもあります。これは文章で書いた本ですが、そういうものは少ないんですね。ところがこの『書画骨董雑誌』には沢山書いている。それは竹内久一のせいでしょうね。

で、この先「梅」「竹」「松」のコースでお話を進めたいと思うわけですが、梅だったら八時に終わる、竹は九時、松は十一時半となっているのですが（笑）。

清水晴風、竹内久一そして田中智学

それでは、ここからは清水晴風、竹内久一を中心に話していきましょう。清水晴風はどんな人物かと言うと「俳諧可なり和歌可なり絵画図案大《おほい》に可なり書も幾何かやれば、鑑定もやる。書画骨董に精しく、人情風俗にも通じて居た。地理歴故事伝説何んでも御座れで。多芸多趣味一代の数寄者を以て知られたる晴風翁」〔一五頁〕（竹内久一「玩具博士清水晴風翁の事ども」第八十八号、大正四年十月）。こういう人が学問の風潮を作ってきた。今の大学あたりにはほとんど残っていないですね。

顔貌険悪一見甚だ恐るべき人の如く思はれざるにあらざれども、然《しか》も其の実は極めて穏和に、つむじ曲りの如くにして然《しか》も驚くべき通人であつた。俗人の如くにして仙人、仙人の如くにして俗人。何も知らざるが如くに見えて、何事でも心得。馬鹿の如くにして怜悧。事を為すに当つて誠実勤勉、志《こゝろざし》堅固にして能く何事をも貫徹せずんば止まない。是れ実に翁の人物の輪廓である。故に世の所謂数奇者風流者と呼ばるゝ人の多くは道楽より茲《こゝ》に入門するものであるが、翁のみは極めて真面目なる研究心に励まされて、斯《かく》した道に志《こゝろざし》たのであつた。（中略）

翁の家は神田旅籠町一丁目七番地で、外神田草分の旧家で遠く元禄年間〔一六八八〜一七〇四年〕より回漕問屋を営み諸大名の御用を勤め、代々清水仁兵衛を名乗り随分繁昌して居《を》つたものである。されば常に幾十人と云ふ子分が居《を》つて何《いづ》れも車力である荒くれ男のみで、主人の之《これ》を統御するには容易ならぬ力量を要したものである。〔一五頁〕

要するにジョージ秋山のマンガ『浮流雲《はぐれぐも》』の主人公みたいなもんだな。

翁の父なる人は他《た》より清水家に入婿《にふせい》せし人で、其の里方の親即ち翁の祖父に当る人が非常な風流人で、当時の名画工葛飾北斎とも親交があり北斎などを能く世話した人であつた。此事は北斎の伝記に詳細に記されて居るから自分は茲《こゝ》には略するが、之が抑《そもそ》も翁の風流味の種おろしである。

斯くて翁は十二歳の時父の命に従つて奉公に出たのである。其の行《ゆ》きし先は彼《か》の有名なる富沢町の能装束師関岡長右衛門の家《うち》であつた。〔一五～一六頁〕

ここで絵の方の力もめきめきとつけたらしい。

関岡家の舎弟に非常に風流な人があつて此人は狂歌師梅の家《や》〔梅廼家〕鶴寿の弟子であつて且つ一立《ママ》斎〔一勇斎の誤り〕国芳を助けた人であるが、翁は此人から非常に愛せられ、何時しか此人の感化を受けて風流味を味《あぢは》ふやうになつた。〔一六頁〕

で、十四歳のときここを辞して実家に戻り親方になった。荒くれ男を使うには力がなくちゃならないというので、力持ちの稽古を日夜努めて、米十俵を三度で運ぶ術を発明した。神田はですね、先ほど言ったように田中智学が神田の勧工場の二階を国柱会の本部にしたわけです。であるから当然清水晴風も知らないわけがない。今でも国柱会に行くと竹内久一の彫物が置いてあるんですね。「なんで竹内久一がこんなところにあるの」って聞いたら、田中智学の非常な親友である上に、たいへんな日蓮の信者で日蓮像をたくさん竹内久一が作ってるんです、と。清水晴風も田中智学とはよく知っていて、清水も国柱会の前身である立正安国会に入信しているんですね。だから葬式は、田中智学の繋がりにより国柱会でやっているんですよ。田中智学が神田近辺のネットワークを作っていたんですね。そのへんは田中智学には自伝が十冊（『師子王全集　わが経しあと／ひとの面影』第二輯第一巻～第三輯第十巻、師子王全集刊行会、昭和十一年十一月～同十三年八月）ありますから、それ持ってますからね、もう一度確かめてみます。

田中智学は十冊の伝記をただ口述だけで作っちゃったというね、それで長唄から浄瑠璃まで何でもやるというお爺ちゃんで、最近のいかがわしい宗教者とは全然違うのね。田中智学の息子がいて、その息子、三代目ですがこれは東大で和辻哲郎の弟子で非常に真面目な人でね。この人の息子がアパレルの仕事かなんかしている不良で（笑）、この人が四代目になる怖れがあるんですね。でも宗教にはけっこうこういう人のほうが向いてるかもしれないんで、「若い人のためにはお前みたいのが教祖になったほうがいいかもしれないよ」って言ってるんですけど（笑）。ここには中里介山の書簡がいっぱいあって、中里介山は完全に田中智学に帰依していたんです。石原莞爾が帰依して、それから宮沢賢治でしょ、そういうふうな今で言う大人物が近づいていっても別に感激しなくてね、田中智学は竹内久一が好きだったらしい。というのは、やっぱり神田で育っているから、やっぱり田舎者が嫌いなのね。だから石原莞爾とか宮沢賢治とか、そういうのが近づいてくるとどこか遠ざけちゃう、でもそうされればされるほど石原莞爾なんか一生懸命「南無妙法蓮華経」を唱えたという（笑）、でもそれが立命館大学に繋がってくる〔石原莞爾は戦前、立命館大学の国防学講座で国防論の講師を担当している。〕のだから世の中おかしいということなんですけどね。

　こういう視点から見ると、日本の近代の面白さを皆さんはほとんど知らないという気がします。ということでね、ちょっと時間もないから急ぎますが、竹内久一の「玩具博士清水晴風翁の事ども」のなかに「余と晴風翁との交」というのがあります。「私《わたくし》の父田蝶は非常に交際の広い方《はう》で市内至る所の友人があつた」〔一六頁〕。このお父さんは浮世絵もやっていた。そういう父を持った人がけっこういたわけですね。尾崎紅葉の父は谷斎《こくさい》といって、この人も象牙彫りの名人で遊び人ですね。近代になると前近代とは違うような人物が急に出てきたと思うけど、紅葉の社交に長けて、下世話なことにも通じていたというのは、父親から密かに受け継いでいる面なんです。

　で、竹内久一の続きですが「或時友人の一人《にん》なる左松《さしよう》と云ふ人が私《わたくし》の父及び晴風翁の父に向ひ、御両人の御子息は共に何《いつ》れも仲々の変物で一僻《ぺき》ある若者だから何時か一緒に集めて見たら面白からうでないか」〔同頁〕と言ったという。まあ大岡信と吉本隆明に向かって、おたくの息子と娘は少し変物だから一緒に集めてみたらと面白かろうと提案しているようなところがあって、で竹内久一の父も清水晴風の父も直ちに承諾して、一種の見合いをさせるわけだけど、親からアレンジされているというのも凄いですね。

斯《か》くして暫らくすると或日突然晴風が父を訪ねて私方《わたくしかた》へやつて来た。見れば未《ま》だ年若な方《かた》だが私《わたくし》は誰《たれ》だか一向知らないで、聞いて初めて知つたのである。而《しか》して父が一緒に来いと云ふから云はるゝ儘に従つて行《ゆ》くと近所の一鰻屋に入つた。其処《そこ》で私《わたくし》と翁とは交《まじはり》の結び初めをやつたのであつた。〔一七頁〕。

クラッシックとも何とも言えない、まあ親父がしっかりしていた時代ですね（笑）。

今尚ほ昨《さく》の如く鮮かに記憶して居《ゐ》るが、此の日は帰りに雨が降り出して、鰻屋を辞して帰らうとすると晴風翁は何時の間にか勘定を済まし置いた。〔同頁〕

ガキにしちゃ可愛い気のないことをするんですが、「それで父は翁が少しも道楽もせず堅気一方で成長して来た人間にも似ず世事には通じて居《ゐ》るのに驚いたのであつたが、翁の帰られた後《の》ち父は私《わたくし》に向つてお前は一生彼《あ》の人と交際するのだぞよ」〔同頁〕と言ったというんだから、凄い親子関係だね。

以来一昨年〔大正二年〕七月十六日翁の逝去に至るまで四十有余年、一日も変り無く交際をして来たのである。実に余を解する者は晴風翁で又真に晴風翁を知る者は余であつたと云ふも決して過言ではないのである。〔同頁〕

明治の親子関係というのは凄いんだよ。谷斎と紅葉、椿岳と寒月ね。

毎月一回位づゝ其の友人を招待して相語ることを以て此上も無い楽しみとして居《を》つたが、晴風翁も必らず其度毎に来会して居《を》つた。併して唯漫然集会するも寔《まこと》に面白くないのでそれらの人々が相会して竹馬会なる遊食会を組織し、向島白髯神社等《とう》に集合し互に食い且つ語つたものであつた。而して更に年を経るに従ひ元禄会や古物会等《とう》をも組織するに至り、出品なども広く遊説《いうぜい》して会の盛大を計つたのであつた。〔同頁〕

この元禄会が後の三越の会の母体になっていく。

翁が玩具《ぐわんぐ》に興味を有するに至つたのは、明治十三〔一八八〇〕年二月二十五日天神の祭礼日に例の遊食会を向島言問に開き、来会者は何《いづ》れも昔の子供に帰り何なりと玩具《ぐわんぐ》一つづゝ持参することゝ云ふ定《き》めにしてあつた。それで互に凝つた玩具《ぐわんぐ》を持参して一日を愉快に過したのであつたが、翁は此時以来玩具《ぐわんぐ》に非常に興味を有して研究に従事し、その為めに全国各地を遊歴し友達にも依頼しなどして玩具《ぐわんぐ》を蒐集し、且つその製法（、）用途、歴史等《など》迄研究し遂に其の蒐集三千五百余個、其の種類六百余種に及んだ。斯《か》くて世の進むに従い少年少女の雑誌等も漸次発行せられ、児童の教育、玩具《ぐわんぐ》の研究などゝ云ふことも社会の注目を引くに至り、何時の間にか清水晴風の名が世に紹介せられ、此種の研究をなす者は皆先づ翁に問ふて其の指南を乞ふ有様で、神田の玩具博士《ぐわんぐはかせ》の名は誰云ふとなし、翁を呼ぶ別名となつたのであつた。（中略）

それから前述の如く古物会や元禄会等《など》を組織し、古《いにし》への珍品を集めて互に楽んで居《を》つたのであるが、之《これ》が中途で一時中絶して居《を》つたので、明治二十三年〔明治二十九年の誤り〕に至り更らに集古会なるものを組織し、当事有名な甲山《かぶとやま》の根岸武香《たけか》君を会長に推し……。〔同頁〕

この根岸武香なる人物は埼玉冑山《かぶとやま》〔「甲山」とも書く。〕の地主で貴族院議員、こういう人物も集古会の源泉にいた。彼はマッチのレッテルを蒐集した趣味人でもあるんです。その他にもいろんな蒐集をしている。彼を会長に推して、他に山中共古、林若樹、巌谷《いわや》小波《さざなみ》、坪井正五郎、人類学というのは坪井正五郎から始まっているわけですね。それを星新一のお祖父さんの小金井良精《よしきよ》が加わってからだんだんつまらなくなってきて、今日のような悲惨な状況になった（笑）。

何回も言ってるけど、坪井正五郎は趣味性を通じて世界を拡大するというのは人類学のものである。それから人類学は基本的には遊びの精神を失ったらいけないと考えていた。だから自分で子供のおもちゃをどんどん発明していたわけですね。この人がサンクト・ペテルブルクで大正二（一九一三）年に客死して、それから日本の人類学はいいところをみんな失ってしまった、というところがあるわけです。で、彼らは神田の青柳というところに集まって互いに研究したという。

此会今尚継続されて居《を》つて林若樹君が会長であるが、翁は此会のためにも非常に忠実を常《じやう》したのであつた。それで翁が何事にも熱心で且つ忠実なので自然と何時の間にか一切を

委任されるやうになつたのである。〔一七〜一八頁〕

多趣味な人で「翁は書も図案も能くしたのであるが素より誰に就いて学んだと云ふでも無く全く自ら研究して学び得たのである。其の見る物聞く物に注意して、殊に言語や文章を以て示し得ざるものは能く図に画《ゑが》いて学んだものである。唯若い時分から〔歌川〕広重に私淑し好んで彼の絵を研究して居《を》つた」〔一八頁〕。だから『うなゐの友』なんかの絵の具の使い方を見ても広重に似たところがあるんですね。

元来精神的の人にして明治十八〔一八八五〕年の頃立正安国会の組織せらるゝや自ら会員となりて正義を唱《とな》へ且つ公共慈善の業に大《おほい》に力を尽し、外神田に於ては無くてはならぬ人の一人と数へられて居《を》つた。〔同頁〕

立正安国会はある時期の国柱会ですからね。その核心にいるわけです。それで、「常に諸国の玩具《ぐわんぐ》を蒐集し其の図取りをなし居《を》りしため、同番地の木村徳太郎氏が其の出版をすゝめたので、出版したものが即ち『うなゐの友』第一篇である。その題辞は佐野常民氏のもので、『うなゐの友』と名づけしは前田香雪氏である」〔同頁〕ということです。竹馬会のことは『へるめす』に二回にわたって三越のことで書いています。

雑本から始まる長い旅 インタヴュー

本との出会い、あるいは

――古本をテーマにしてお話をうかがっていきたいのですが、どういったところから入っていきましょうか。

山口 雑本とは何かなんて、そういうつまらないこと聞かないでよ（笑）。

――聞こうと思ってたんですけど（笑）。

山口 例えば、店先に山のごとく積まれているのが雑本で、江藤淳の訳した『チャリング・クロス街84番地――書物を愛する人のための本』（ヘーレン・ハンフ編集、中公文庫、昭和五十九年十月）のなかでも、一番の楽しみは一山いくらで積み上げられている古本のなかから面白いのを見つけだすのが、イギリスの本好きの最大の楽しみだって書いているでしょ。別に僕だけじゃなくて、古本好きなら誰でも併行してやっていることですよ。

―― はい、って終わるわけにもいきませんから（笑）。

山口 そもそも僕が古本というものが世のなかにあると知ったのはね、なんかもう自分で質問して答えていくみたいだけど（笑）。僕たちの世代っていうのは小学校三年生ぐらいのときに本屋から本が消えたわけだよね。図書室で本を読もうと思ってもいつも閉まっていて、開くのは、河合の肝油のときだけ。でも、うちは九人兄弟だから、そんなの買うお金がない。肝油を買える子だけが、そのとき図書館で本をちょっと見られるっていう、けしからん状況だった。家でも講談社の絵本が三冊ぐらいしかなかったんだけど、近所にいた酒屋の子が講談社の絵本を全部持っていたもんだから、そこに行ってはいつも本ばかり読んでた。でも、そのうちに、昌男ちゃんは本ばかり読んで全然遊んでくれないとか言いだして、そんなこと言うやつはいつか没落するって思っていたら（笑）、はたして後に放蕩によって酒屋の財産をつぶして行方不明になっちゃった。本は買ってるだけじゃ駄目で、読まなきゃ駄目だということをそこで学んだわけですね（笑）。

えーと、古本のことになると、戦争に負けた後になるんだけど、僕は美幌という町に生まれて、網走の中学校に行った。そこには疎開でやって来た人もいて、そういう人は、古本屋がなかったから雑貨屋のようなところに本を売ってた。そこに並んでいたのが『譚海』っていう雑誌で、欲しいんだけど小遣いが少なくて買えない。そういうのがただ消えていくのを見ていたという記憶があって、本に対する恨みみたいのがあるんだよね。

その頃、疎開してきていた人のなかに音楽評論家の藁科雅美という人がいて、この人は慶応を出て『ディスク』っていう雑誌の編集部にいた。一応モーツァルトの専門家ってことになっているけど、そこでは進駐軍の通訳をやっていた。近所だったから、僕はその人に英語を習っていたんだけど、テキストはね、『リーダーズ・ダイジェスト』の英語版。これをどうやって手に入れたかというと、その頃進駐軍のところにアルバイトに行くのをみんな嫌っていて、誰々が帰ってこないだとか、そんな噂が流れたりしていて、でも僕はその仕事に行ってね、そこで拾った雑誌を弁当箱のなかに隠して持ち出して、それをテキストにしていた。

仮設的なものの魅力

この『リーダーズ・ダイジェスト』だけど、もう話はバンバン飛ぶからね（笑）、この東京支社ビルを造ったのがアントニン・レーモンドっていう人。彼は帝国ホテルの建築の時にフランク・ロイド・ライトが来たでしょ、そのときアシスタントとして来てるんだよね。レーモンドはチェコ生まれで、後にアメリカに行くけれども、そのときの身元引受人がCIAの重要人物だった。そういうこともあって最近では彼はスパイだったんじゃないかっていう説があって、そういう線からライトの弟子というかたちで日本にも送り込まれたんじゃないかなんて言われてる。まあ、ライトとは喧嘩別れしちゃうんだけど、その後に親しくなるのが星新一の親父の星一《はじめ》。

星新一は新本の世界だけど、星一となると俄然古本の世界の人物でしょ。星一は大正から昭和モダニズムの絵画を評価した人物で、星製薬っていうのは二階が宣伝部、三階には画廊があったらしいのね。この三階では当時の前衛芸術家の展覧会をやった。でも、製薬会社っていうのは、いかがわしい部分があるから、こういうことをわりとするでしょ。守田宝丹なんかもそう。誇大宣伝だよね。誇大宣伝っていう広告産業は薬屋から始まっているように思える。効くか効かないか分からないのを売るんだから。

── 先生、網走の話は（笑）。

山口　まあ繋がっているんだよ（笑）。『リーダーズ・ダイジェスト』からアントニン・レーモンドに行っちゃったけど（笑）。ちゃんと戻ってくるから（笑）。で、レーモンドは星一と付き合ってるうちに後藤新平を紹介されて彼の家を造ったり、東京ゴルフ倶楽部みたいな、そんな倶楽部の設計もやったり、けっこう戦前に建築を残しているんだよね。それで戦争中はアメリカに帰って、今度は何をやっていたかっていうと、自分が日本で建てた家をいかに効果的に焼くかっていう研究をやってた。

古本の世界では、こういうコネクション（関係）まで入ってこなきゃ本が見られなくなっているんだよね。

で、古本の話に戻るんだけど、つまり、作った瞬間に壊すことを運命づけられているっていうのが建築にはあるでしょ。建築には恒常的なものと仮設的なものとがあるはずだけど、それを片っ方だけを考えて、例えばビルだけを作っていっても愚かなことになる。そういう意味で、古本の良さを考えると、仮設性にあるかもしれない。新本は見せかけの建築みたいなもの

アントニン・レーモンド
（1888-1976）

星一
（1873-1951）

で、広くして高くすればいいみたいなところがあって、それに比べて古本屋はなんでもかんでも、もうゴミまで集めてくるみたいなものだけど、そこでは偶然性によってどんな本が集まってくるのか分からないんだから、とても仮設的なものだと言える。新刊は、新刊予告されて集まってくるわけだから、一応スタンダードであるというふうなことになる。だけど、文化っていうのは必ず二つの部分からなっているんだから、一番いい部分がその安定したところに残るとは限らないでしょ。一番いい部分が実は流れ出していて、それが雑本として扱われているかもしれない。それを見つけだすのが僕の仕事だと思っている。

―― 近所のおじさんに英語を習ってたっていう話から、一気に来ましたね（笑）。

山口　昔から僕が言ってきた〝中心と周縁〟という問題も結局それだったんだっていうことね。例えば美術館でもそうでしょ。美術だって見世物だった。浅草とか料亭での展覧会とか、そういう見世物として始まっている部分がある。美術館でも常設的な展示よりも、仮設的なもののほうが遙かに面白いわけだよね。そういう企画展では、あちこちから借り集めてきているんだから、実は仮設的に組み立てられている。そういう展覧会の図録に解説を書いても、図録も招待状も送ってこないところもあって、まあ、それはそれでけしからんという問題もあるんだけどさあ（笑）。それは別にして、つまり常設的、恒常的なものは結局、面白さより権威を作り出すようになるんだよね。そんなのは本当はどうでもいいことなんだよ。

仮設の古本屋として出発した岩波書店も、安定、恒常の出版社となったけど、でも今や仮設の評論家の典型の永六輔に頼らなきゃ生きていけないわけだし（笑）、安定岩波を支えるはずだった執筆者山口も、今度は仮設の出版社である晶文社から本（『踊る大地球――フィールドワーク・スケッチ』平成十一年三月）を出すことになったし……（笑）。

――『古書月報』っていうのも、かなり仮設的な媒体ですね（笑）。

市場は立派な見世物

山口　実はね、これには古本屋さんも加わってもらいたいと思っているんだけど、正確に発音するからちゃんと聴いてよ。「M」で始まる見世物。「N」だと偽物になっちゃうから（笑）。見世物学会っていうのを作ることにした（見世物学会は平成十一（一九九九）年五月二十九・三十日、新宿西向天神社で学会設立準備会を開催、次いで同年十一月七日に第一回総会が開催された。）。でも人に言うと「偽物学会とはうまくつけましたねえ」って妙に感心されるんだけど、ミセモノだよ（笑）。会長は田之倉稔でね。要するに、恒常的なものは、一度仮設的なレベルに戻して考えた方がいいってことなんだよね。

例えば古本屋さんは、市場を持っているでしょ。これは立派な見世物ですよ。流れてくる商品が、どんなものであってもそこで一度さらし物になる。そのなかからもう一回取り戻してくるという作業でしょ。でも、市場から取り戻すために、古本屋さんは、新しいパラダイムとかフレームワークをちゃんと作っていく必要がある。

―― 私たちが古本をかき集めていく上でのネックになる問題ですね。

山口 見世物学会に理事長というのがいてね。これが本物のテキ屋なんだよ〔坂入尚文氏のこと。〕。

―― 現役なんですか。

山口 そうだよ。本当の産学共同で（笑）、今や産学共同はこういう形で実現されるんだよね（笑）。この人は芸大の四年で中退、普通中退って五木寛之氏なんかでも途中から行かなくなって辞めてるでしょ、彼は四年全部行って辞めているのね。それで状況劇場に入ってアングラの正当性に繋がろうだなんて考えないで、芸大で彫刻やってたから、それを活かすのはなにか考えてたら縁日の飴細工だってことが分かって（笑）、それでテキ屋になった人物なんですよ。先週、うちの大学（札幌大学）にふらっとやって来て、なんか近所に縁日があったから来ましたって（笑）。

―― 常に移動している人たちですものね。

山口 古本屋にもそういう移動性みたいなものは残ってるでしょ。アセチレンガスかなんか分からないけど、僕でも学生の頃に神保町で夜店の古本屋を見てるから。

―― いつ頃ですか。

山口 学生の頃だから、昭和二十年代だね。

―― 一誠堂さんなんかの向かい側の道沿いに露店が並んでたそうですね。

山口 でも、何買ったか覚えてないな。あの頃は古本屋に仮設性よりもまだ安定性を求めてたのかな（笑）。

―― 岩波書店のほう見ながら、露店なんかの古本を買ってちゃいけないって（笑）。

山口 インドネシアなんか今でもそうでね。井上（ひさし）さんと一緒に行ったときに、これは井上さんが書いているんだけども、なんかの写真集が露天にあって、これ欲しいから山口さん掛け合ってくれって言うんで、僕が英語でいくらだって聞くと九千円って言うのね。それは高いから半値にしろと、すると向こうは八千円ならいい、でこちらは六千円だ、向こうはいや八千円は動かせないとか言うんで、突如としてこちらはインドネシア語で「お前はおれのどこが気に入らないんだ！」とダダダーってまくしたてたの（笑）。突然だったからね、相手は一挙に崩壊してね（笑）。「分かった、分かった五千円で手を打とう」ってなった（笑）。*

―― 買ってるというより、取り戻してるって感じですね（笑）。

山口 出版社も安定性を捨てて、トレーラーかなんかに本を積んで全国を売り回るぐらいすれば面白いよね。昔の社会主義伝道隊みたいに、社会主義者でもそうした仮設性に賭けてたわけでしょ。

＊山口さんが述べているのは井上ひさし著『本の枕草子』（文藝春秋、昭和五十七年十一月）所収の「本の買い方」という文章。山口さんは記憶で喋っているが、この話にはまだオチがある。同書に次のようにある——。

　ところで、文化人類学者の山口昌男さんはわたしの知る著述家のなかでは、本の買い方のもっとも上手なうちの一人です。山口昌男さんの著書もすばらしいけれど、古本の買い叩き方もまたすばらしい。一種の芸術です。八月上旬のある夜、山口さんのお供でジョクジャカルタの、夜店の古本屋へ行きました。ジョクジャカルタはジャワ島の古都で、日本国にたとえれば京都といったようなところ、おまけに学都でもありますから古本屋が多く、そのほとんどが屋台式の店舗です。そのうちの一軒で、わたしは三百五十頁の『インドネシア写真集』を見つけました。説明は英語ですから読めないこともない。値段は一万八千ルピア（約六千円）、そう高くもない。そこで財布を引っ張り出していると、山口さんがチラと値段を見て、

「一万八千は高い。前に同じものが一万二千だった。ぼくが買ってあげましょう」

　とおっしゃった。山口さんはわたしの財布から一万ルピア札を一枚抜いて、その写真集の上にのせると、主人の前へ持って行き、まず日本語で、

「これは表紙に虫喰いあとがある。それに一九五〇年の出版だから古い。一万以下なら買いたい。だがそれ以上は出せない」

　とはじめた。主人は日本語を解しませんから、一万ルピア札を指さし、しきりに、

「ティダー、ティダー」

　と叫んでいる。ティダーとは「ノー」の意味のインドネシア語です。すると山口さんは突然、インドネシア語に切り換えた。主人はおどろいておりましたな。まさかこの外国人、インドネシア語はしゃべれまい、ティダー、ティダーで押し通し、もう一枚、一万ルピア札を出させてやろう、と思っていたところへ、鮮やかにインドネシア語をはじめたのですから虚を衝かれた。勝負は主人の負けです。結局、その写真集は八千ルピアになりました。主人が「ティダー」と泣き叫ぶと、そのたびに山口さんが「スラマット・ティンガル

左より、吉田喜重、原広司、大塚信一、渡辺守章、井上ひさし、山口昌男、高橋康也、大江健三郎、中村雄二郎、清水徹の各氏、1979 年のバリ島旅行の写真（羽田空港）

（さようなら）」と呟いて帰る真似をする。主人はそこで「バイクラッハ（わかりましたよ）」と呼びとめる。この繰り返しの末、八千ルピアに落ち着いたのです。

もっとも、ここまでならインドネシア語を勉強すればだれにでもできます。わたしが唸ったのはこの後で、写真集を包み、釣りの二千ルピアを添えて悲しそうに差し出した主人に、山口さんは「トリマカシー（ありがとう）」と言いながら、百ルピア札一枚、チップに渡したのです。

泰然たる態度で構える主人をインドネシア語でうろたえさせ、値切りまくってがくっと気落ちしたところへ（といっても主人は損をしたわけではありません。損をするようなら、山口さんが帰る真似をしても、引きとめはしなかったでしょう）、さっとチップを握らせる。この巧みな駆引き、その呼吸。まさに火花の飛び散るような、一場の芝居でした。あのときの主人のうれしそうな顔がいまでも目に浮びます。同じ値切っても、最後は相手をうれしくさせるというこの技術、わたしの値切り方など、これにくらべれば、ほとんど児戯にひとしいと思われます。〔一〇一―一〇三頁〕

―― 僕たちは別に伝道するわけじゃないけど（笑）、でも即売会なんてそうですよね。やっぱり露店性っていうのか、古本屋ってどこかでテキ屋さんに似てますよね。

山口　重要なのは投機性があるかってことになる。投機っていうのは、つまり、予見すること。予見して、来るべきパラダイムとかフレームワークまで、どうか分からないけど、それとの神秘的な関係にある一冊の本を取り上げるってことだね。

―― すごく刺激的ですね。

危険な素人

―― 先生は日本だけじゃなくて世界中の古本屋さんに現われてますよね。

山口　危険な素人だからね（笑）。

―― 最近の収穫はどうですか。

山口　このあいだプラハに行ったらね、思っていた通りいい古本屋が復興していた。そこで、一九二〇年代の批評家、芸術家でモダニストのカレル・タイゲのものはないかって訊ねたら、ちゃんと三冊出てくるんだよね。ついこの前まで、タイゲの本を売ってたら捕まるような状況だったからたいていは隠してたんだけど、最近ようやく古本屋さんに出るようになった。

――それを買われた？

山口　これはすごくいい本でね。高かったんだけど買ってしまって、でもチェコ語を読めないから（笑）これからやらなきゃいけない（笑）。泳げないのに流れに飛び込む（笑）。

――ヨーロッパはかなり以前からですよね。

山口　一九七一年にナンテール（パリ第十大学）の客員教授でパリにいて、そのときある本を古本屋で見つけた。それがフェリシアン・シャンソールっていう作家でね、日本で言えば大衆小説家かな。まあ、そういう区別が流動的なんだけれども、この人は『ルル』っていう芝居のテキストを一八八八年に出している。その頃は忘れられていて、あまり見向きもされていなかったけれど、でも、一冊の古本を見つけたことで、『ルル』そのものの問題とサーカスの問題を取り上げるきっかけになった〔山口さんが述べているのは『新劇』第二百九十三号、昭和五十二年九月に発表した「ヴェデキント『ルル』についての神話批評の前提となるようないくつかの覚え書き」のこと。のちに『道化の宇宙』白水社、昭和五十五年七月に収録。〕。この本は石版で極めて美しいものですが、このパントマイムの台本を小説にしたものが梅原北明たちによって昭和初頭に訳されているんですよ（酒井潔・梅原北明訳『さめやま』文芸市場社、昭和四年七月）。

――世界中で何か見つけてますね。

山口　古本は世界中にあるわけだからね。そういえば、解放される前のサンクト・ペテルブルクに行ったときに、地下に古本屋があることを発見したんだけど、本当に地下道の一番奥にあるの。

――本当に危険な素人ですね（笑）。

山口 そんなところにね、昭和四年に出た『アサヒグラフ』の合本があるんだよ。なんでだろうって聞いてみたらね、昭和の初めに、本なんかも扱う山本商店っていうのがモスクワにあったって言うんだよね。このへんは、後で話す勝野金政《かつのきんまさ》のこととも繋がるんだけど、ここでは深入りしないでおいて、日本の話に戻ろうか。

――そうですね。学生の頃から古本屋歩きみたいなことはされてたんですか。

山口 大学三年ぐらいの頃から琳琅閣や木内書店とかには行ってたね。古書会館の即売会に初めて行ったのは、大学出て二年目ぐらいだったのかな。まだ、畳敷きの頃。最初に買った本は覚えているもんで、何版か分からないけど『西国立志編』で、古本らしい古本に初めて出会った感じがした。それで行くようになったんだね。

ある日、ゲザ・ローハイムっていうハンガリー出身のフロイト派の民俗学者が書いた『アニミズム・呪術・神聖王権』っていう本が並んでいたんで、面白そうだと思って手に取ろうとしたら、誰かが横からパッて手を伸ばしてくる。僕がタッチの差で本を手にしたんだけど、その人が「山口君」って声をかけてきて、「僕もこの本に目をつけていたんだ」って。誰かと思ったら、ハンガリー文学の徳永康元さん。僕らにとっては古書の王様だからね。で、徳永さんがこう言った。「古書っていうのは真剣勝負だからね、普通なら僕は引き下がらないよ。でも、君はDivine King、王権論をやっているのを知っているから、今回は黙って引き下がる。だけど、次にかちあったときには覚悟しておきなさい」。

——先生も、そういう白刃の下をくぐってきたんですね（笑）。

山口　そうなんだよ。でも、向こうは遙かに先輩だけど最近では両方とも好々爺になってるから、この前も一緒に大相撲の見物に行ってね。ここは古書会館と違って他人の対決を見てるだけでいいから、お互いによろしいですね、なんて言ってるんだから（笑）。

偶然と瞬間

——即売会の帳場でお客さんの買われる本を包んでいると、お客さんて本当に面白いものを見つけてくるもんだなあって感心することがあります（笑）。先生も、即売会におみえになると、スーッって人混みに消えて、なんかすぐ見つけられるじゃないですか。

山口　何年か前、ＮＨＫの取材（平成六年四月十七日放送、ＮＨＫ衛星第二放送『世界・わが心の旅』の「本のエロス」）で、ベルギーに行ったんだけど、ディレクターがまずブリュッセルの古本店で私が本を探してるところから始めたいって言うの。で、それっぽい一軒の店に入って奥でシャンソールないかって訊ねた。向こうも知ってるみたいでね、それなら下の階にあるみたいなことを言う。で、降りていってすぐ見つけた。そうしたらインタヴュアーが「どうして、すぐ見つけることができるのか」って聞くんだよね。

僕には女漁りの素養はないけどね（笑）、まあ女漁り、男漁り、浅利慶太、なんでもいいんだけど（笑）、もしそうであればね、向こうから歩いてくるだけで相手がなんとなく自分を呼ぶってことがきっとあるでしょ。記号による情報を発信してるってことだよね。本もタイトルと中の活字だけではない。古さとか装幀の仕方とか、ただそこにあるだけの本が発信する記号情報を瞬間的に読み取ることができなければ、出会えないんだよね。骨董でも何でもそうでしょ。修行っていうのは、つまりそういう瞬間的な情報解読能力を養うことだよね。

――「面白そうだ」がまず最初にあるんでしょうね。でも、山口さんって本にしろ人物にしろ忘れないですよね。

山口 物忘れは凄いのに、こういうことになると覚えてるんだよね。なんでだろうね（笑）。

――僕らの仕事っていろんなもの見て、なんか覚えたりするじゃないですか。でも僕なんか容量小さいから、どんどん忘れるんですよね。でも、本の前に立つとそれなりに思い出す。それ以外のときは何も知らない。

山口 そうなんだよね。舞踏の大野一雄にね、どんなリハーサルやってるのか聞いたら、普段なんにもやってないって言うの。へなってしててね。で、舞台に立つと突然シャキってしてね。で、終わるとまたへなってなっちゃうんだよね（笑）。どうしてこういう人を人間国宝にしないのかね。

――先生、相当近いものがありませんか（笑）。で、なんの話だったっけ（笑）。

雑本とパラダイム

山口 今、僕が一番狂っているのが勝野金政っていう人物で、今日はそのことをちょっと話したいんだよね。これもね、こっちが呼んだのかもしれないし、向こうから呼んだのかもしれない。そういうかたちで八年ほど前に古書展で出会った一冊の本から始まるんですよ。その頃、僕はなんとなく戦前の反共文書を集めていたんだけど……。

――何で戦前の反共文書に興味を持たれたわけですか。

山口 そういうのは、何で彼女のことを好きになったんですかって言うのと同じくらいつまらない質問だよ（笑）。

まあ、日本人のロシア信仰、ソヴィエト信仰っていうのは何だろうみたいな興味もあったしね。で、その一冊というのが勝野金政という人の書いた『赤露脱出記』（日本評論社、昭和九年十一月）。たまたま即売会か何かで目にして、まず装幀があの頃流行った未来派ふうでね。それに惹かれたこともあった。つまり、そういう本って、この周りには何か面白い人物が潜んでいそうだっていう感じがするよね。

昭和九年に出ている本なんだけど、内容も驚くほどいい。ソルジェニツィンの『収容所群島』より三十年ほど昔にすでにそうした世界、つまり日本人のラーゲリ体験を書いているわけだからね。しかも文章がとてもいいんだ。ルポルタージュ文学としてみても出色のものなんだよね。それを日本の近代文学の研究者は誰も書き留めていない。

―― 雑本ということで見過ごされていたんでしょうか。

山口 例えば、雑本のなかにはね、仮設的で、それがすぐ消えるように見えながら、実は安定したものを崩す武器になるようなものが含まれている、そういうものがあるでしょ。それをどちらが見つけるか、客と古本屋の抗争っていうのは、そういうところにあるはずなんでね（笑）。

まあ、この『古書月報』も市場でのプライス・リストを絶対素人に見せないっていうんで部外秘らしいですけど、もう素人にもこういう危険なのが増えてるわけだし（笑）、そろそろ諦めてね（笑）、どんどん情報公開したっていいんじゃないの。値段の差とかね、いろいろあるだろうけど、重要なのは何がいくらかということよりも、客でも業者でも誰がパラダイムを先に作るのかってことでしょ。

——そういう中で、客と業者がもっと刺激的な関係を作っていけると面白いですよね。調べてみましたら、この『古書月報』に業界外部の方が載るというのは、以前は斎藤昌三さんとかあったんですけど、それが絶えて本当に何十年ぶりのことなんですよね。今世紀の最後に、また危険な素人をお招きできました。

で、古書展で見つけた『赤露脱出記』でしたっけ、勝野金政についてもっと具体的にお話をうかがいたいんですけど。

山口　ひとつのきっかけとしてね、たまたまこの前、群馬県立近代美術館で、井上房一郎の展覧会（『パトロンと芸術家―井上房一郎の世界―』平成十年九月十九日～十一月三日）があって、そこで

勝野金政著『赤露脱出記』
（日本評論社、1934年11月）

講演してきたところなんだけど。

――井上房一郎というのは？

山口　彼は、大正の終わり頃にフランス留学してね、そこから帰ってきた後、ブルーノ・タウトを助けて「ミラテス」って店を銀座に出すんだけど、工芸運動のなかにバウハウス的な感覚を入れてきた人物でもあるんだよね。そういえばね、井上がフランスに行く前に、山本鼎の演説会が高崎であるんだけど、それを井上が助けていて、そのとき、もう一人助けた小学校の先生がいて、それが森銑三だった。

――いきなり古書の大御所が出てきますね。

山口　『古書月報』だからね（笑）。でも、こういうネットワークに森銑三の名前が出てくること自体、これまであまり語られてないよね。実は高崎でね、この頃森銑三が教えていた小学校の生徒だったたっていうおじいちゃんに会って、当時学校で出していたガリ版刷りの雑誌（『小さな星』）を見せてもらった。

一冊の本からの時間旅行

――古書展で見つけた『赤露脱出記』でしたっけ。その著者の勝野金政を巡ってというところに話を戻したいんですか。

山口　つまり、最初に話しておくとね、たまたま古書展で見つけた一冊の古本から、時間の旅をしたということなのね。

――長旅ですか。

山口　だいたい僕はね、ギャラが安いほど話が長くなりますから（笑）。ましてや古本組合の雑誌でしょ。ギャラいらないから二年ぐらい連載で話したい（笑）。

――ありがとうございます。ええ、適当なところで（笑）。

山口　で、まず井上房一郎ですね。この前、群馬県立近代美術館で井上房一郎の展覧会があって、そこで講演してきたところなんだけど。彼はブルーノ・タウトを助けて「ミラテス」とい

井上房一郎
（1898-1993）

う店を銀座に出す。この人はいわば工芸運動のなかにバウハウス的な感覚を入れてきた人物とも言える。井上はそれでフランスに留学していて、その留学を勧めたのが山本鼎だった。

大正十一（一九二二）年頃、山本からフランス行きを勧められた井上は、語学の勉強のためにアテネ・フランセに通うことになり、そこで同じクラスにいたのが勝野金政だった。井上は大正十二年にパリに渡り、その翌年には勝野も渡仏する。二人がいた頃のパリはちょうどアナキズムの高揚期だった。そうした空気を吸いながら、勝野はアナキストの群れに加わり、やがてフランス共産党に入党する。勝野という人物が、日本にいて、ロシアに憧れて日本の共産党に入党したという人物ではない、という点がまずある。

フランス共産党はアナキストが大半を占めていたけれども、彼らは後に右からも左からも批判されて追っ払われることになる。勝野が入党した頃に、サッコ&ヴァンゼッティ事件が起きてフランスでも大抗議デモが起きてね、勝野も井上もこのデモに参加して警察に捕まってしまった。井上は一晩で釈放されるんだけど、勝野はアナキスト・グループに加わっていたということで国外追放になった。

フランスを追放された勝野は、ワイマールのドイツを経てロシアに入る。そこで片山潜の秘書になった。片山はその当時、もうお飾りにすぎなくてね、何の政治的発言もなくただ自己保身に汲々としているような状態だった。そこに寄寓するうちに、日本からロシアに入ってきた学生を勝野が世話をするんだけれども、それを理由に勝野はＫＧＢに捕まってしまった。これは、ほとんど言い掛りのようなもので、世話した日本人のほうは先に日本に帰って、しかし勝野はこれから六年間のラーゲリ体験を余儀なくされる。

――当時の日本人は、ラーゲリという言葉自体をまだ知らないんじゃないですか。

山口　そのことがとても重要なところでね。ラーゲリに豚のようにぶち込まれて、三分の二が死んでしまう。『赤露脱出記』にはそうした体験が書かれているわけですね。しかし、例えば、反共ということも含めて、そうした新しいモデルを理解できるフレームを作っていなかった。勝野は自分の経験のなかから反スターリニズムを一番最初に正当に提起したけれども、その問題の背を捉まえる人間がいなかった。

勝野のロシア脱出には二つ説があるんだけれども、いずれにしろ帰国した勝野は東京に送られて水上警察署で特高に引き渡された。当然厳しい取り調べが彼にありそうだけれども、ほどなく助けだされる。なぜかというと、当時の内務省警保局長である唐沢俊樹が信州出身で井上コネクションで大学を卒業した人物だった。

実は、古書展で買っていた古本のなかにこの唐沢について触れたものがあった（柘植秀臣著『東亜研究所と私――戦中知識人の証言』勁草書房、昭和五十四年七月）。明治の終わりに東大法学部を出た連中に一種の流行があって、それは法学部を出たからといって大蔵省に入るのではなく、文部省に入るということがあった。今なら、東大法学部出て、文部省に入るっていうのはあまりいないでしょう。

当時なんでそういう流行があったかというと、日露戦争に勝ってから、青年たちの力が急にたるんでしまい、迫力がなくなってきた時期があった。そうした状況で、政治的に優秀な部分が、内務省に入って地方の郡是、県是、市是といった条令を作ったり、青年運動に取り組んでいく、そんな風潮があった。唐沢もそうした一人だった。

―― 青年団って、日本青年館を作るあれですか。

山口 そうそう。ちょっと話がずれるけど、大正から昭和にかけて、日本青年館運動が盛り上がるでしょ。まず、青年団が拠出して明治神宮を建てようとね。そういう運動で日本国民の力を結集しようとした。その青年団の中心として日本青年館ができた。この日本青年館の会報（『青年』）を古本で集めているんだけど、こういうのが本当に面白くてね。ここには柳田國男も書いていて、これはほとんど知られていない。しかもこの頃喧嘩をしていた折口信夫もこれに書いている。もう、この話に行ったらしばらく戻れなくなるけど、どうする？

―― どうするって、勝野でいきましょう、ここは。

古本に潜むパラダイム・チェンジの可能性

山口　じゃあ、勝野に戻って（笑）、つまり唐沢は信州の出身で、あまり裕福ではなかった。そんな唐沢を援助したのが井上房一郎の奥さんの父親・杉原栄三郎だったかな、そういう人物がいた。杉原は父親以来の山林を持つ大金持ちで、こうしたコネクションがあったから、井上は留置所の勝野に手を回せた。

釈放後の勝野が何をやったかというと、いわばフィクサーの役割を果たすことになる。唐沢は内務省の警保局長だったから、つまりスパイ活動の根城にするようなセクションを含んでいるわけでね、勝野はこうした活動に入っていく。

例えば、大森銀行ギャング事件も勝野が仕掛けたのではないかと言われているし、二・二六事件でも勝野は背後で動いたらしい。こういうふうに勝野は一方で権力の手先のようなことをやっていたけれど、問題なのは、では当時の日本の共産党と勝野のどちらに時代を見抜く力があったのかということになる。

日本の共産党はラーゲリなんて存在も知らなかったんだから、ソ連や共産主義を疑う根拠を何も持ってなかった。ところが勝野は六年間のラーゲリを通じてスターリニズムを体験している。そうしたことが『赤露脱出記』で自身の体験としてリアルに報告されているにもかかわらず、それをきちんと読めていなかった。つまり、勝野をどう扱えばいいのか、左翼はまるで分からなかった。相変わらず古いパラダイムでしか見られない。

結局、日本の左翼は戦後になってもスターリンの亡霊に徹底的に振り回されるわけですよね。日本の知識人は社会主義、共産主義は善で、そこから外れると転向というフレームワークしか持ち合わせていない。勝野のような人間のリアルな言葉が雑本のなかに埋もれているんだから、今に至ってもそういう状況はほとんど変わっていないかもしれない。

時代のパラダイムから言うと、煽動の技術としてのマルクス主義という点では、内務省も実は同じようなところがある。その後、参謀本部に対ソ連の第八課ができると、勝野はそこの嘱託になる。ここには林達夫の弟の林三郎がいるんだけれども、一方で勝野は林達夫や岡正雄たちと東方社を作ることに関与する。

――『フロント』の東方社ですか?

山口 そう。対外宣伝誌『フロント』を出す東方社ですね。『フロント』のことは今更古本屋さんに説明するまでもないことだけど、ここに知的で面白い連中が集まり、ああした尖端的な表現を実現していった。ここに勝野が関与していたということ、更に信州の井上房一郎コネクションの杉原、井上の奥さんの父親ね、彼が東方社への資金拠出もしているということ、こうしたネットワークが背景に見えてくる。

こういう話をこの前、『井上房一郎展』のときに群馬の美術館で講演したんですよ。実はここで感動的な幕切れが私を待っていたんですが、というのは、講演が終わると一人の婦人がやってきて、「今日のお話はたいへん嬉しゅうございました」って言うんですね。続けて「私は勝野の娘でございます」と。

―― 凄い話ですね。おいくつぐらいになられるんですか。

山口　勝野自身が昭和五十九年に八十二歳で亡くなっているんだけど、娘さんは五十代でしょう。で、勝野には『凍土地帯―スターリン粛清下での強制収容所体験記―』（吾妻書房、昭和五十二年十二月）という本があるんだけれども、僕の友人の古本屋には能力がなくてそんなもの見つけられない（笑）って講演でしゃべったものだから、「私のところにございますので差し上げます」と、その本をいただくことができた。その『凍土地帯』がここにあるんですが、この

勝野金政著『凍土地帯』
（吾妻書房、1977年11月）

あとがきを読むとね。ちょっと読もうか。コピーだけど。

――さっき娘さんから本を貰ったって（笑）。感動的な話だったのに、何でコピーを持ち歩いてるんですか（笑）。

山口　いや札幌に忘れてきちゃってね（笑）、今日の取材で見せようと思ってファックスで取り寄せたわけですよ。で、ここには今度は島崎藤村との関係が現われてきてね。というのは、勝野の故郷は妻籠で島崎家とは親密な間柄だったというんですね。勝野自身も島崎藤村の姪の「こま子」と子供の頃からの友達だったらしい。彼女は『新生』の節子のモデルですね。勝野がモスクワでKGBに捕まるきっかけを作った日本人、それが根本という京大の学生で、彼がこま子の知り合いだった。そこで、その後の彼女の消息を知ることになる。こま子は左翼運動の渦中にいて、山宣（山本宣治）の葬式の時には逮捕されてるというんだね。

勝野がラーゲリ体験を経て帰国してから、知人の新聞記者に頼んでこま子の行方を探す。すると、行き倒れて大久保の市民病院に収容されていると知らされる。このことは当時の新聞雑誌でわりと取り上げられているけど、この本の後記では島崎藤村への勝野の側からする痛烈な批判が書かれている。

まあ、話していくときりがないんだけど、古書展で偶然見つけた『赤露脱出記』から始まって、井上房一郎の講演で勝野の娘さんに出会い、この『凍土地帯』を手にする。まさに、一冊の雑本から始まる時間の旅なんですね。

最初にも言ったけど、古本というのはまさに仮設的なものでしょ。その仮設性のなかから何を読むのか。ここでは自分の気づかない自分を読み、先へ進むための手がかりを掴めるかどうかというのが問題になる。そうなると、新刊本というのは固まりきっているパラダイムからしか出てこないから、パラダイム・チェンジの可能性は古本の持つ仮設性の側に遙かにあるんだって言える。そういう中から新しいパラダイムを作っていくしかない状況でもあるんですよ。古本屋さんは、そういうものと最初に出会う現場にいる。

―― ありがとうございました。仮設的なものとしての古本というところから始まって、一冊の雑本から見えてくる時間や風景を開いていただき、とても古本的な時間だったと思います。

山口　古本的というのはね、古本を通じて人脈を全部取り戻す、そういう過程を通じて枠組み《パラダイム》を作りながらまた古本を探し、探した古本のなかからまた新しい枠組みが出てくる、そういう関係そのものだよね。

―― 今度はどこか山奥に泊まって、際限なくこういう話をうかがいたいですね（笑）。

編集後記

川村伸秀

『「挫折」の昭和史』（岩波書店、一九九五年三月）、『「敗者」の精神史』（同、同年七月）、そして『内田魯庵山脈——〈失われた日本人〉発掘』（晶文社、二〇〇一年一月）は、後期の山口昌男の仕事を代表する歴史人類学三部作として知られている。これら三冊に収録されることになる論考を雑誌『へるめす』と『群像』に連載中から読んでいた編者は、そのあまりの面白さに読者の立場でいることに我慢できなくなって、同時期にさまざまな媒体に山口さんが発表した同種の論考を集めて平凡社から『敗者学のすすめ』（二〇〇〇年四月）という本を出した、という話は拙著『斎藤昌三——書痴の肖像』（晶文社、二〇一七年六月）の「あとがき」に記しておいた。『敗者学のすすめ』の企画の話を山口さんに提案したとき、「そうか、この手があったか！」と喜んでいただいたのを覚えている。

同書の「はじめに」に山口さんは次のように記している。

四年前『「敗者」の精神史』を上梓して後、日本近代においても敗者学という分野を創出してもよいのではないかと思うに至った。そのきっかけは本書に収録された文章群を改めて読み直すうちに得られたものである。

日本がバブル経済の崩壊の後に改めて自らを見つめ直すことの必要性が痛感される今日、負け方の研究がこれからの課題として浮かび上がって来ている。日本の近代史のパラダイムは無意識のうちに勝者を中心に作りあげられ、敗者の役割りを見つめ直す視点はあまり見当らないで今日に至っている。そういった意味では従来の研究の大半は勝者学でありながら、その姿勢を客観化する努力があまりなされないまま、これ以上、世界の中での日本の位置を見定めるのは難しいように私には思われる。〔三頁〕

山口さんの視線が、『エノケンと菊谷栄――昭和精神史の匿れた水脈』（晶文社、二〇一五年一月）を執筆する過程で急速に近代日本の精神史の発掘に向かっていったことは、これもすでに同書の「編集後記その2――山口人類学のミッシングリンク」に記した通りである。

しかし、では何故「敗者」だったのか。この点に関して言うならば、山口さんの姿勢は常に一貫していた。近代日本における精神史の発掘に限らない。記号論的分析を行う際でも山口さんが着目したのは、「徴つき」「異人《ストレンジャー》」、あるいは「エントロピー（マイナスのエネルギー）」といった、通常は負の要素をおびた側であった。いや考えてみれば、山口さんが若いころからずっと研究の対象として追い続けてきたトリックスターや道化にしてからが、負の世界の住人ではなかっただろうか⁉

幸い『敗者学のすすめ』が好評だったため、続けてその対談・鼎談版として『はみ出し《ステップ・アウト》の文法――敗者学をめぐって』（平凡社、二〇〇一年三月）を編んだ。本書はいわばその三冊目となる講演版である。『敗者学のすすめ』から十八年の歳月が流れ、もはや山口さんもこの世にない（二〇一三年三月逝去）。しかし、置土産として遺してくれた敗者学をテーマとしたこれら講演の数々は、いま読んでも充分に通用する内容であり、そして何よりも山口さん本人がこのテーマを愉しんで追究しているのが言葉の端々から感じられ、それを聞く（＝読む）こちら側も引き込まれて思わず身を乗り出してしまう。さらに古本好きの読者なら、この本を道しるべとして古本の世界を彷徨うことも可能なはずだ。

講演はそれぞれ次の日付で行われた。

①書物と静岡
　一九九五年十一月二十七日、静岡県立中央図書館創立七十周年記念特別講演

②吉野作造と街角のアカデミー
　一九九七年三月十六日、吉野作造記念館主催講演

③再生へのもうひとつの視座――水平型ネットワーク人に学ぶもの
一九九四年十一月十七日、日本有権者連盟例会主催講演
④私の田中智学
一九九四年十一月十三日、国柱会創業百十年記念大会講演
⑤蝶々と人魚――大正のシンボル
二〇〇一年五月十二日、松山大学人文学部・高畠華宵大正ロマン館共催学術講演
⑥文化とスポーツ
一九九三年一月二十一日、日本スポーツ産業学会第二回学会大会基調講演
⑦近代日本における〝知のネットワーク〟の源流
一九九二年十一月七日、南部支部古書懇話会（仮称）発足記念講話
⑧『書画骨董雑誌』をめぐって
一九九四年一月三十一日、彷書会新年講話

このうち②と⑦は、山口さんが亡くなられたあとに出版した『エノケンと菊谷栄』をまとめるにあたって必要な資料を探すために府中のご自宅にお邪魔し、そのときまだご存命であったふさ子夫人のお許しを得て書庫を調べていた際、ワープロ打ちの原稿のまま発見されたものである。どちらも未発表のものだが、特に⑦にはところどころに山口さんの赤字が入っていて、

いずれ発表を意図していたことが判る。当時の山口さんは、先にも触れたように近代日本に急速に関心を向けはじめた時期で、その資料を発見していく過程での山口さんの昂奮した様子がそのまま伝わってくる。この講演が行われた場所は目黒区下目黒住区センターである。

②は『「敗者」の精神史』に収録されている「大正日本の「嘆きの天使」——花園歌子と吉野作造」と同じ内容を扱っているが、札幌大学の文化学部学部長に就任した山口さんが、講演のなかでしきりに同大学の宣伝を交えて語っているのが愉しい。つけ加えておけば、その後山口さんは一九九九年三月より同大学の学長となっている。

⑧はその後、ふさ子夫人が二〇一六年五月に亡くなられたあと、ご自宅の蔵書（すでに札幌大学には山口さんの蔵書で山口文庫が作られていたが、なお府中のご自宅にも大量の蔵書が遺されていた）を札幌大学の山口文庫にまとめるために、次男の拓夢さん（現・札幌大学女子短期大学部教授）、岡本慶一さん（元・東京富士大学教授、故人）、石塚純一さん（元・札幌大学教授）の三人と整理にあたっていたときに、私家版限定二十五部のうち著者用番外として『『書画骨董雑誌』を巡って』（東京外骨語大学予科発行、一九九五年三月）を発見した（収録にあたっては「『書画骨董雑誌』をめぐって」と改めた）。東京外骨語大学というのは、山口さんを学長として、助教授は文芸評論家の坪内祐三さん、学生はないいろ文庫不思議堂の田村治芳さん（故人）、石神井書林の内堀弘さん、月の輪書林の高橋徹さんという三人の古書店主が遊びで作った架空の大学である。大学名が東

京外国語大学と宮武外骨とをブレンドしたものであることは、いまさら言うまでもないだろう。場所は田村さんが出していた『彷書月刊』の事務所で行われた。

これ以外の初出は次の通り。簡単にコメントも加えておこう。

①「書物と静岡」▼『葵　静岡県立中央図書館報』静岡県立中央図書館、第三十号（一九九六年三月）

一九九四年三月に東京外国語大学アジア・アフリカ研究所を定年退職した山口さんは、翌月から静岡県立大学大学院国際関係学部教授に就任した。大学のある静岡は大政奉還後に徳川十五代将軍・慶喜が蟄居を命じられ、多くの幕臣たちがつき従って江戸からやってきた場所で、山口さんのアンテナがこの地に反応を示さないはずはない。積極的に周囲との交流をはかり、それが静岡県立中央図書館での講演へと結びついた。

静岡についてはすでに「幕臣の静岡――明治初頭の知的陰影」が『「敗者」の精神史』に収録されているが、ここでは静岡で発行されていた雑誌『本道楽』を取り上げていて、「幕臣の静岡」とはまたひと味違ったものとなっている。

③「再生へのもうひとつの視座――水平型ネットワーク人に学ぶもの」▼日本有権者連盟編『日本の境位を探る』四谷ラウンド（一九九五年十月）

日本有権者連盟の勉強会で行われた講演である。当初のテーマは「国家の行方、政党の行方」であったが、冒頭にあるように講演の内容を変更して行われた。
④「私の田中智学」▼『真世界』真世界社、第六千六十九号（一九九五年一月）
山口さんが国柱会で講演したことは知っていたが、それがどのようなものであったのか気になっていたので国柱会に問い合わせてみたところ、『真世界』に掲載されているとのご教示いただき、本書に収録することができた。

『真世界』では田中智学からの引用文を現代かな遣いに改めてあるが、本書では「凡例」の原則に従って原文の旧かな遣いに戻した。

「山名文夫の仕事」▼『版画掌誌　ときの忘れもの』ときの忘れもの、第二号（二〇〇〇年三月）

この文章と次の「探墓多磨霊園」および「先人の著書にみるユーモア」「会津幻視行」は講演ではないが、講演の合間のコーヒーブレイク的なものと考えていただきたい。

『版画掌誌　ときの忘れもの』はオリジナル版画入りの限定版刊行物で、奥付にはA版が三十五部、B版が百部の計百三十五部が刊行とある。少部数出版のため、これまで人の眼に触れたことはほとんどなかった論考と考えられる。ここでは、『「挫折」の昭和史』ではほんの少ししか扱っていなかった山名文夫に焦点が当てられていて、同書の拾遺といった趣がある。

「探墓多磨霊園――武蔵野の緑に囲まれて眠る人々」▼『東京人』都市出版、第八十五号（一九九四年十月）

『内田魯庵山脈』はもともと「内田魯庵の不思議――〈失われた日本〉発掘」と題して一九九五年一月から雑誌『群像』に連載されたものだが、その連載直前に『東京人』の「墓地を歩く楽しみ。「東京掃苔録」」特集で魯庵の墓のある多磨墓地を訪れたときのもの。

⑤「蝶々と人魚――大正のシンボル」▼『地域研究ジャーナル』松山大学総合研究所、第十二号（二〇〇二年三月）

愛媛県東温市下林の高畠華宵大正ロマン館で、二〇〇一年三月十五日〜六月十日の期間開催された「蝶々と人魚――大正のシンボル」展と連動して、松山大学カルフホールで行われた講演。

掲載誌には講演で用いられた図版は載っていない。理解を助けるためには図版があったほうがいいと考え、本書では話の内容から類推した図版を掲載しておいた。従って、必ずしもすべてが当日の会場で使われたものと一致しているとは限らないことをお断りしておく。

冒頭引用されている安西冬衛の「てふてふが一匹韃靼《だったん》海峡を渡つて行つた」は、山口さんが若いころから好んでいた詩で、初期の論考「地獄以前」（『人類学的思考』せりか書房、一九七一年三月）のエピグラフとしても用いられている。

⑥「文化とスポーツ」▼『スポーツ産業学研究』日本スポーツ産業学会、第三巻第一号（一九九三年三月）

文中に登場する小泉信三、平沼亮三については『「挫折」の昭和史』の「スポーツの帝国(一)——小泉信三とテニス」に、小杉放庵、押川春浪、天狗倶楽部などについては『「敗者」の精神史』に収録されている「小杉放庵のスポーツ・ネットワーク——大正日本における身体的知」および『山口昌男ラビリンス』（国書刊行会、二〇〇三年五月）のなかの「東京における地方文化——東京の文化特性」などでも触れられている。

「先人の著書にみるユーモア」▼『りぶる』自由企画社、第十巻九号（一九九一年九月）

山本宣治について触れた文章。これを読むと、山本宣治を含めて名前の挙がっている生方敏郎、大庭柯公、大泉黒石、大杉栄といった大正期のユーモリストたちを中心として本格的に論じることもできたであろうが、そうした論考が書かれなかったのが残念に思われる。

「会津幻視行」▼『ESPRESSO』エスプレッソ出版局、第十巻五号（一九九二年六月）

当該雑誌の企画「シリーズ再発見」で会津を旅した紀行文。

文中に登場する山本覚馬・八重子については『敗者学のすすめ』のなかの「文化現象を縦と横に繋ぐ」と『はみ出しの文法』のなかの作家・中村彰彦氏との対談「戊辰戦争と亡国の遺臣」でも触れられている。

「雑本から始まる長い旅」▼『古書月報』東京都古書籍商業協同組合、第三百七十一・三百七十二・三百七十四号（一九九八年十二月、一九九九年二・六月）

講演ではないが、本書の締めくくりとして山口さんの古本に対する考え方がよく表われているインタヴューを収録した。連載時のタイトルは「ロングインタヴュー 山口昌男さん」で、第一回が「仮設的なものとしての古本屋」、第二回が「雑本のなかにひそむもの」、第三回が「雑本からはじまる長い旅」とあった。このうち第三回目のものをタイトルとした。掲載誌には書かれていないが、インタヴュアーは当時東京古書組合の役員をしていた内堀弘さんである。

ここに登場する勝野金政、井上房一郎をめぐる人々――大正～昭和前期」、『はみ出しの文法』のなかの建築家・磯崎新氏との対談「井上房一郎をめぐって、あるいは「視線の快楽」をこえて」でも触れられている。

なお、事実の誤りや文章のおかしなところは、編者の責任で適宜訂正したことをお断りしておく。

＊

本書の成立にあたり、出版を快諾いただいた著作権継承者の山口拓夢さん（本書二〇〇頁参照）をはじめ、月の輪書林・高橋徹さん、本・あごら（古書店）の生田幹男さん、国柱会の森山真治さんのお世話になった。また晶文社では、小川一典さんにご担当いただいた。記して感謝します。

二〇一八年九月

人名索引

う

え

す

せ

そ

た

ち

つ

ひ

ふ

へ

ほ

や

ゆ

よ

ら

著者について

山口昌男（やまぐち・まさお）

一九三一年北海道生まれ。二〇一三年逝去。文化人類学者。東京外国語大学アジア・アフリカ言語文化研究所所長、札幌大学学長等を歴任。道化・トリックスターの分析、中心と周縁理論、近代日本の負け派に着目した敗者学等を通じて、国内外の思想界に衝撃を与え、その広い学識は文学・芸術等の分野にも影響を及ぼした。著書に『本の神話学』『道化の民俗学』『文化と両義性』『「挫折」の昭和史』『「敗者」の精神史』『内田魯庵山脈』（以上、岩波現代文庫）ほか多数。

古本的思考《ふるほんてきしこう》　講演敗者学《こうえんはいしゃがく》

二〇一八年九月三〇日初版

著者　山口昌男

発行者　株式会社晶文社

東京都千代田区神田神保町一—一一　〒一〇一—〇〇五一
電話（〇三）三五一八—四九四〇（代表）・四九四二（編集）
URL http://www.shobunsha.co.jp

印刷・製本　ベクトル印刷株式会社

ISBN978-4-7949-7059-6　Printed in Japan